Rüdiger Jope (Hrsg.)
KARABINER

RÜDIGER JOPE (Hrsg.)

KARABINER

DAS MÄNNER-ANDACHTSBUCH

SCM
R.Brockhaus

SCM

Stiftung Christliche Medien

SCM R.Brockhaus ist ein Imprint der SCM Verlagsgruppe,
die zur Stiftung Christliche Medien gehört, einer gemeinnützigen Stiftung,
die sich für die Förderung und Verbreitung christlicher Bücher,
Zeitschriften, Filme und Musik einsetzt.

Die
MOVO
Edition

erscheint in Zusammenarbeit zwischen SCM R.Brockhaus, Witten,
und dem SCM Bundes-Verlag, Witten.
Herausgeber: Rüdiger Jope

© 2024 SCM R.Brockhaus in der SCM Verlagsgruppe GmbH
Max-Eyth-Str. 41 · 71088 Holzgerlingen
Internet: www.scm-brockhaus.de · E-Mail: info@scm-brockhaus.de

Die Bibelverse sind folgender Ausgabe entnommen:
Neues Leben. Die Bibel, © der deutschen Ausgabe 2002, 2006, 2017 SCM R.Brockhaus in der SCM Verlagsgruppe
GmbH, Holzgerlingen.
Weiter wurden verwendet:
Elberfelder Bibel 2006, © 2006 SCM R.Brockhaus in der SCM Verlagsgruppe GmbH, Holzgerlingen. (ELB)
Lutherbibel, revidiert 2017, © 2016 Deutsche Bibelgesellschaft, Stuttgart. (LUT)
BasisBibel. Das Neue Testament und die Psalmen, © 2012 Deutsche Bibelgesellschaft, Stuttgart.
www.basisbibel.de (BB)
Hoffnung für alle® Copyright © 1983, 1996, 2002, 2015 by Biblica, Inc.®. Verwendet mit freundlicher Genehmigung
des Herausgebers Fontis – Brunnen Basel. (HFA)
NeÜ bibel.heute © 2010 Karl-Heinz Vanheiden, www.derbibelvertrauen.de und Christliche Verlagsgesellschaft
Dillenburg, www.cv-dillenburg.de (NeÜ)
Die Heilige Schrift, übersetzt von Hermann Menge. Neuausgabe. © 1949, 2003 Deutsche Bibelgesellschaft,
Stuttgart. (MENG)
luther.heute © 2019-2021 Internationaler Gideonbund in Deutschland e.V.; Christian-Kremp-Str. 3, 35578 Wetzlar
(luther.heute)

Lektorat: Esther Schuster
Umschlaggestaltung: Stephan Schulze, Stuttgart
Titelbild: Fotostudio SCM Verlagsgruppe
Innenseitengestaltung: Dietmar Reichert, Dormagen
Druck und Bindung: GGP Media GmbH, Pößneck
Gedruckt in Deutschland
ISBN 978-3-417-01020-6
Bestell-Nr. 227.001.020

INHALT

VORWORT

Gesichert unterwegs

»Das Klettersteigset mit den Karabinern
ist kein Aufzug in den Himmel.«

Über mir der blaue Himmel. Unter mir der Königssee. Gemeinsam mit zwölf Männern bin ich dabei, auf der MOVO-Gipfelkreuztour eine 400 Meter hohe Wand zu erklimmen. Unser Ziel: der Grünstein in 1 306 Metern Höhe. Der Weg dorthin führt über einen 860 Meter langen Klettersteig, Schwierigkeitsgrad C. »Für Ungeübte nicht geeignet!«, warnt die Hinweistafel am Einstieg.

HERZKLOPFEN

Ausgerüstet mit Helm, einem Gurt und zwei Sicherungskarabinern klicke ich mich in das Stahlseil ein, welches von unten bis auf den Gipfel hinaufführt. Im Vertrauen auf den gelegten Halt, die Absturzsicherung, klettere ich los. Ziehe mich nach oben. Versuche, mit Händen und Füßen Griffe und Spalten in der Wand zu finden. Überwinde Stahltritte und Leitern in der senkrechten Wand. Wage Sprünge über tiefe Abgründe. Passiere eine Hängebrücke. Kämpfe mich durch einen Überhang. Meistere mehrmals mit Herzklopfen einen Grat.

Dabei ständig in Aktion: die beiden Klettersteigkarabiner. Routiniert nehme ich Nr. 1 heraus und hänge ihn in den nächsten Drahtseilabschnitt. Während dieses Vorgangs bin ich durch Nr. 2 gesichert. Danach klinke ich Nr. 2 aus und hake ihn zu Nr. 1 in den nächsten Abschnitt ein. Mit dieser Methode bin ich auf dem ganzen Weg nach oben gesichert.

Das Klettersteigset mit den Karabinern ist allerdings kein automatischer Aufzug in den Himmel. Der Weg nach oben ist beschwerlich wie unser Lebensweg. Hände und Füße schmerzen. Der Schweiß läuft. Dreck sorgt für Tränen in den Augen. Die Lippen sind trocken. Ich bekomme Hunger. Leide an gequetschten und aufgerissenen Fingern. Plötzlich ruft jemand: Steinschlag! Dann ist Warten angesagt, weil Mitkletternde sich vor mir stauen. Die Beine zittern, die Muskeln brennen. Der Atem fehlt. Der Puls rast. Endlich geht es wieder voran. Auf einmal führt das Halteseil um eine Spitze herum. Wie geht es dahinter weiter?

Unser Leben als Männer und Christen gleicht diesem Aufstieg. Schwieriges macht auch um unser Leben keinen Bogen. Trotz des Karabinerhakens des Glaubens wird es plötzlich schmerzhaft, schwer und unangenehm. Trotz der Sicherung durch Gott tun sich Abgründe auf. Auch das Gesichertsein auf dem Weg nach oben bewahrt Männer nicht vor Zweifeln, Momenten der Ohnmacht und des Aufgebenwollens. Davon wissen die vierundvierzig Mitautoren dieses Buchs zu erzählen. Sie nehmen uns mit hinein in ihre ganz persönlichen Klettersteige des Lebens. Doch dabei bleiben sie nicht stehen. Sie wollen mit ihrem Gedankenanstoß Mutmacher sein zum Weiterklettern, Dranbleiben, Neu-aufbrechen. Und in allem führen sie uns vor Augen: Wir sind Gehaltene von Jesus, der uns vorangeklettert ist und von sich sagt: »In der Welt habt ihr Angst; aber seid getrost, ich habe die Welt überwunden« (Johannes 16,33; LUT).

HERZENSANLIEGEN

Das Männerandachtsbuch »Karabiner« ist eine Einladung, mit seinem Leben an Jesus dranzubleiben oder ihm auch neu zu sagen: »Ich klinke mich ein, vertraue dir, dass du, das Seil des Lebens, mich hältst, nach oben führst ... Trotz blauer Flecken, schmerzhafter Beulen und unkonzentrierter Abrutscher.«

In dem Glauben und in der Hoffnung, dass wir nach unserem Lebensklettersteig als Männer einmal bei Gott gemeinsam feiern, jubeln und anstoßen wie wir dreizehn auf dem Grünsteig, verbleibt mit einem herzlichen »Berg Heil«

Dein Rüdiger Jope
Wetter/Ruhr, 6. Februar 2024

GEWIDMET meinen Kindern Anna-Dorothea und Joshua Johannes, die ich sehr liebe und denen ich gerne Papa und Vorkletterer bin. Danke für eure Geduld mit mir.

Meinen Mitkletterern Stefan, Ralph, David und Oliver. Es ist ein Vorrecht, sich mit euch dienstags alle zwei Wochen bei Jesus einzuklinken und sich gemeinsam durch den Alltag nach oben zu kämpfen.

»ICH MÖCHTE IHM KEINEN WEITEREN STRICH AUF SEINE ›LOSER‹-LISTE MACHEN.«

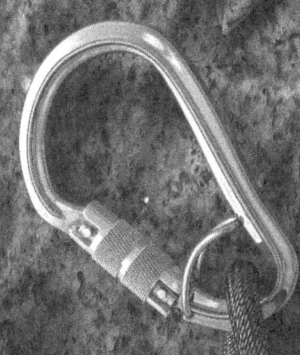

Bibelstelle: 1. Mose 1,26

Es ist Samstagmorgen, halb acht. Es sind nur wenige Leute in der Bahn, und ich bin froh über die Ruhe. Nach ein paar Stationen steigt ein Mann ein und fällt mir gegenüber in den Sitz. Seine Kleidung ist dreckig und feucht, seine Haare sind total durcheinander. Und der Mann stinkt grauenvoll. Ich will seinen ekelhaften Geruch nicht einatmen. Ich unterdrücke ein Würgen. »Wegsetzen, Burkhard, sofort! Schnell, schnell weg von dem Mann« ist mein erster Impuls. Ich greife nach meinem Rucksack, will mich erheben. Aber ich spüre in mir auch die gegenteilige Regung: »Bleib sitzen!« Denn ich habe Mitleid: »Mein Gott, der Mann ist total abgestürzt! Der braucht jetzt mal was anderes als Abweisung.«

MÄNNERSOLIDARITÄT

Also bleibe ich sitzen, schaue zu ihm rüber. Er nimmt einen langen Schluck aus seiner Bierflasche. »Kein Mann stürzt freiwillig ab in diese miese Lage; kein Mann will die Kontrolle über sich selbst verlieren und aus der Spur geraten«, denke ich. »Und das Schlimmste wird sein: Er schämt sich ständig und sieht sich als idiotischen Verlierer.« Ich möchte ihm keinen weiteren Strich auf seine »Loser«-Liste machen. Männer-Solidarität? Vielleicht. Auf jeden Fall Menschen-Solidarität: Wir alle sind verletzlich; wir alle machen Fehler. Wir alle brauchen die Sympathie der anderen und kommen klar im Leben, wenn andere uns mögen. Aber eben nur dann.

Der Mann mir gegenüber hat wohl ganz anderes erlebt: Ihm hat man zig Male gezeigt und gesagt, dass er im wahrsten Sinne des Wortes zum Kotzen ist und sich fernhalten soll. Immer wieder und unzählige Male wurde er sitzen- und alleingelassen, ins Abseits gestellt und zum Absturz gebracht. Ich bleibe sitzen – ihm direkt gegenüber, mit deutlicher Geruchsverbindung. Aber irgendwie innerlich gewendet.

Noch ein anderer Gedanke regt sich in mir: »Auch dieser Mann ist ein Geschöpf Gottes!« Eine christliche Binsenweisheit? Ja, aber eben eine grundlegende Weisheit und große Wahrheit: Wir alle sind Gottes Geschöpfe, sein Ebenbild (vergleiche 1. Mose 5,1; 9,6). Das wirkt in mir: Ich spüre Wohlwollen für den Mann. Das beruhigt mich, und mein Würgereiz geht zurück. Endlich atme ich wieder ein. Und jetzt kommt mir auch Paulus in den Sinn: Wir alle sind Gottes Tempel und Gottes Geist wohnt in uns (1. Korinther 3,16). Das stimmt auch für den Mann mir gegenüber: Was an ihm augenblicklich schlecht ist, verhindert nicht, dass Gott bei ihm ist. Was ihm momentan nicht gelingt, hebt nicht auf, dass Gott an ihm wirken möchte. Nichts nimmt ihm die Heiligkeit, die Gott ihm schenkt.

VERÄNDERTER BLICKWINKEL

An der nächsten Station steige ich aus. Ich habe mit dem Mann nicht geredet. Dafür haben meine innere Kraft, meine Zuneigung noch nicht gereicht. Doch habe ich gefühlt, dass er entspannte, weil ich sitzen geblieben bin und ihm nahe blieb. Vielleicht konnte er deswegen gut zu seinem Fahrtziel gelangen. Für seinen weiteren Weg wünsche ich ihm, dass er sich als Gottes Tempel kennenlernt. Ich selbst bin durch ihn zu einem Gipfelblick gekommen: Nicht nur ich, sondern auch jeder andere ist Gottes Bild und Gottes geliebtes Geschöpf, das er wieder zu seinem Kind machen möchte.

HANDGRIFFE & LEITERSPROSSEN

NACHDENKEN

Am Berg achten wir auf den Untergrund, auf dem wir gehen. Im Alltag achten wir auf den Grund, der Jesus Christus ist (1. Korinther 3,11). Deshalb ist unser Verhalten gegenüber anderen von Aufmerksamkeit, Respekt, Achtung, Wohlwollen, Zuwendung, Zuspruch, Fürsorge geprägt. Deshalb nehmen wir auch unsere Mitkletterer in den Blick und unterstützen sie. Wir werden ihnen zu »Handgriffen« durch Aufmerksamkeit, Respekt, Mitmenschlichkeit. Wir sind für sie »Leitersprossen« aus Glaube, Liebe und Hoffnung.

ENERGIERIEGEL & WASSERFLASCHE

MACHEN

- Probiere es mit einem zweiten, positiven Blick auf dein Gegenüber.

- Nimm deine eigenen Schwächen als Maß für dein Urteil über andere.

BURKHARD R. KNIPPING

»AUSSEN GLÄNZT DU VIELLEICHT WIE SAU, ABER INNERLICH FÜHLST DU DICH WIE EIN ARMES SCHWEIN.«

Bibelstelle: 1. Mose 32,27

Das Leben ist zuweilen ein Boxring, manchmal sogar ein Käfig für Kampfeslustige wie bei Mixed Martial Arts. Warum du plötzlich im Ring stehst, ist dir gar nicht immer bewusst. War es deine Entscheidung? Waren es irgendwelche Vorbilder oder gar gesellschaftliche Zwänge? Manchmal bist du richtig kampfeslustig und auch bereit, dir auf die Fresse geben zu lassen, aber manchmal musst du kämpfen, stehst dort im Ring, obwohl du gar nicht willst.

DIE SCHÄFCHEN IM TROCKENEN

Da ist Jakob aus der Bibel, einer dieser Ur-Typen, von dem manches vielleicht auch in dir steckt. Jakob war nicht der Mega-Glaubensheld, der Einzige der Spezies Mensch, der es je mit Gott himself aufnehmen konnte. Er war vielmehr ein echter Schisser und hatte so gar nichts von einem mutigen Krieger. Er war ein gewiefter Geschäftsmann, ein listiger, um nicht zu sagen: hinterlistiger. Immer einen Plan B in der Hinterhand, stets zu seinen Gunsten, selbst wenn er sein Gegenüber dabei über den Tisch zog.

Jakob hatte gerade eben seine Schäfchen ins Trockene, sein gesamtes Hab und Gut auf die sichere Seite des Flusses gebracht, weil er Angst vor seinem Bruder Esau hat, der ihm mit vierhundert Mann entgegenzieht. Jakob bleibt allein auf der anderen Flussseite, aber bevor ihn Esau einholt, stellt sich ihm ein Fremder in den Weg. Jakob ist plötzlich im Ringkäfig, obwohl er den Kampf vermeiden wollte. Die Schäfchen im Trockenen, aber allein und auf sich gestellt. Der schlaue Hinterlistige wird gestellt im Kampf.

Es geht dabei gar nicht so sehr um die Frage, mit wem Jakob hier tatsächlich kämpft, sondern um die Frage, mit was oder wem du ringst, wenn du ganz allein bist. Was beschäftigt dich tief in deinem Innersten? Vor wem möchtest du deine Schäfchen ins Trockene bringen? Wer oder was bedroht dich und dein Eigentum, deine Familie, deine Partnerschaft? Innerlich ringst du vielleicht darum, ob du kaufen oder verkaufen sollst, dich im Job durchsetzen oder durch Gefälligkeit glänzen sollst, deine Partnerschaft und Familie verlässt oder lieber der perfekte Gatte und Vater bist, der du in Wahrheit gar nicht sein kannst. Außen glänzt du vielleicht wie Sau, aber innerlich fühlst du dich wie ein armes Schwein.

Dabei ist die alles entscheidende Frage: Warum vertraust du nicht einfach weiter auf Gott? Auf den, der bisher mit dir war? Der dich gesegnet hat mit Besitz und Menschen um dich herum, die es gut mit dir meinen, die auf deiner Seite stehen, für dich streiten würden?

GIB ALLES AUS DER HAND

Jakob gibt in dieser Nacht alles aus der Hand. Sein Kampf ist nicht gegen Laban oder Esau, sein Kampf ist, ob er Gott vertrauen kann oder nicht. Er setzt alles auf eine Karte: »Ich lasse dich nicht los, bevor du mich gesegnet hast!« (1. Mose 32,27). Gott tritt ihm und auch uns entgegen. »Ringe mit mir, Mensch! Hol dir von mir, was du so krampfhaft nicht verlieren willst. Komm, ringe es mir ab! Auf, komm und stell dich!«

Deinen »Lohn« holst du dir nicht als gewiefter Geschäftsmann, nicht als Unternehmer oder Macher. Deinen »Erfolg« kannst du dir nur bei Gott holen. Ringe mit ihm um dein Unternehmen, um deine Partnerschaft. Ringe mit ihm um deine Kinder, deinen Arbeitsplatz! Gott sucht echte Gegenüber und nicht Opfer. Menschen, die sich nicht im Kampf des Lebens sinnlos aufreiben, sondern die den Mut haben, sich an ihm zu reiben, die nicht nur Furchen, Narben und Schmisse von Menschen haben, sondern die sich schleifen lassen wollen von ihrem Gott. Menschen, die Gott nicht einfach bei der ersten Enttäuschung im Leben loslassen, sondern die mit ihm so lange ringen, bis er sie segnet.

HANDGRIFFE & LEITERSPROSSEN

NACHDENKEN

- Mit wem oder was ringst du innerlich?

- Vor wem möchtest du deine Schäfchen ins Trockene bringen? Wer oder was bedroht dich und dein Eigentum, deine Familie, deine Partnerschaft?

ENERGIERIEGEL & WASSERFLASCHE

VERINNERLICHEN

»Wer Vertrauen zum zentralen Führungsprinzip erklärt, der muss bereit sein, Macht abzugeben und auf Kontrolle zu verzichten« (Bestsellerautor und Führungsexperte Reinhard K. Sprenger).[1]

ANDREAS LINK

»LASS DIR DIE VERLETZUNGSPUNKTE DES LEBENS ZUM BESTEN DIENEN.«

Bibelstelle: 1. Mose 50,20

Es gibt sie, die Momente, in denen es einen durchzuckt, einem sprichwörtlich durch Mark und Bein geht. An einem Junimorgen stoße ich auf den WDR-1-Beitrag »Kinderverschickung: Trauma statt Erholung«. Während ich die Zeilen zu diesem Radiobeitrag lese, treten mir plötzlich Tränen in die Augen, bekomme ich Gänsehaut.

ESSEN BIS ZUM ERBRECHEN

Herbst 1974. Als Fünfjähriger werde ich als Leichtgewicht für vier Wochen zu einer Fresskur ins thüringische Greiz geschickt. Die Szenerie des Mittagessens steht mir noch lebendig vor Augen: Vor mir türmte sich ein riesiger Berg Kartoffelbrei, Erbsen und Sülze. Diesen galt es gegen alle Hungergefühle runterzuwürgen. Ich musste so lange sitzen bleiben, bis der Teller leer war. Kotzten die Kinder links oder rechts neben einem, gab es Mega-Geschrei und unter Tränen einen neuen, vollgepackten Teller für sie. Meiner Erinnerung nach saßen die Essensverweigerer nach der Mittagsruhe immer noch am Tisch. Nachts durfte man nicht auf Toilette. Pech hatte der, der musste, obwohl der Nachttopf bereits voll war ...

Paul, meine Schildkröte, diente unter meinen allabendlichen Tränen den großen Jungs zum Wurfobjekt. Ein fehlendes Auge und der zusammengeflickte Mund des Kuscheltiers erinnern mich noch heute an die Kindheitswunde, die vier Wochen ohne Eltern. Nachgefragt bei meiner Mutter, die zum Zeitpunkt meiner Kur vierundzwanzig Jahre alt war, erhielt ich die Antwort: »Das war damals so! Auch ich wurde von meinen Eltern schon zu dieser Art Kur geschickt.«

Puh! »Früher« war eben auch nicht »alles besser« oder gar »christlicher«! Ich bin froh, dass meine Kinder nicht mehr unter dieser Art Pädagogik aufwachsen müssen, dass sich unsere Sicht auf Kinder grundsätzlich verändert hat und ihnen heute mehr Würde und Achtung entgegengebracht wird!

Dieses Trauma führt mir aber auch vor Augen: Hier auf der Erde gibt es kaum ein Männer- und Frauenleben, das keine Wunden und Narben aufzuweisen hat. Biografien mit schlimmen Erlebnissen zeigen aber auch auf: Das Böse muss nicht das letzte Wort haben oder, wie Josef im Blick auf sein eigenes Trauma der Versklavung, der Gefangenschaft und des Vergessens bilanziert: »Ihr gedachtet es böse mit mir zu machen, aber Gott gedachte es gut zu machen« (1. Mose 50,20; LUT). Seine Worte und der lädierte Paul auf meinem Nachttisch erinnern mich täglich: Die Schmerz-, Verletzungs- und Scheiterpunkte des Lebens können uns zum Besten dienen und sich heute als unsere Stärken erweisen. Vor vielen Jahren hörte ich ein Zitat des Theologen Mike Yaconelli. Er bringt Josefs, meine und deine Schmerzpunkte meisterhaft auf den Punkt: »Es kommt im Leben nicht so sehr auf die Siege an, sondern vielmehr darauf, wie man nach den Niederlagen weitermacht!« Mach es wie Josef!

HANDGRIFFE UND LEITERSPROSSEN

NACHDENKEN

- Welche Verletzungen aus deiner Kindheit liegen bei dir noch unter der Oberfläche?

- Wo bist du von Menschen in einen »Brunnen geworfen« oder »versklavt« worden und Gott hat daraus etwas Gutes werden lassen?

- In Bezug auf welche Situation kann dir der Satz von Mike Yaconelli Flügel verleihen?

ENERGIERIEGEL & WASSERFLASCHE

BETEN

»Gott, das Leben ist manchmal hart, unfair und gemein. Plötzlich finde ich mich wieder in Brunnen, in Gefängnissen und auf Abstellgleisen. Hilf mir, dass ich an den Tiefpunkten nicht um mich schlage, verbittere, mein Unglück bejammere und die Schuld bei den Umständen oder anderen Menschen suche. Hilf mir, nicht irrezuwerden im Auf und Ab der Lebenskurve. Hilf mir, dass ich Disziplin, Mut und Ausdauer aufbringe, einen langen Atem entwickele und immer und immer wieder aufstehe. Lass mich spüren, dass du gegenwärtig bist, dass du mir beistehst und aufhilfst in meiner Ratlosigkeit und Verzweiflung, in meiner Schwäche, in meinem Weinen und Suchen nach neuen Wegen. Heile mich und mach mich stark durch die Niederlagen. Amen.«

VERINNERLICHEN
»Du bist ein Gott, der mich sieht«, heißt es in 1. Mose 16,13. Sprich dir diese Wirklichkeit zu!

WEITERLESEN

Dass nicht nur ich als Autor dieses Textes die eingangs beschriebenen Erfahrungen gemacht habe, wird unter dieser Adresse sichtbar: https://verschickungsheime.de/

RÜDIGER JOPE

4. DER TROTZ DES GLAUBENS

»VIELLEICHT WERDE ICH DIESEN VERS IRGENDWANN AN MEINEN SARG HEFTEN LASSEN. SPÄTESTENS DANN IST ER ERFÜLLT!«

Bibelstelle: 2. Mose 6,6

Es war im Juli 2021. Ich kann mich weder an den Wochentag noch an die Uhrzeit erinnern. Doch das Gefühl des Augenblicks, in dem ich den Vers »Ich will euch wegführen von den Lasten« (2. Mose 6,6; LUT) an den Küchenschrank hängte, ist immer noch spürbar. Es war eine Mischung aus Ärger und Hoffnung, als ich innerlich zu ihm sagte: »Dich nehme ich erst wieder ab, wenn du wahr geworden bist. Vorher nicht. Bis dahin schaue ich dich jeden Tag vorwurfsvoll an und erinnere dich: Da fehlt noch was!«

NICHT WEG, ABER VERÄNDERT

Jetzt ist Dezember 2023 und der Vers ziert immer noch unseren Küchenschrank. Das Papier ist wellig geworden, die Farbe blass. Die Botschaft ist geblieben: »Ich will euch wegführen von euren Lasten.« Wenn ich zurückblicke, muss ich sagen: Die Lasten von damals sind nicht weg, sie haben sich nur verändert. Im Sommer 2021 waren wir mitten in einem Überlebenskampf, im wörtlichen Sinne. Unser Sohn Jonathan, der seit Geburt an einer schweren fortschreitenden neurologischen Erkrankung leidet, rang auf der Intensivstation der Uniklinik um sein siebzehn Jahre »altes« Leben. Die Ärzte waren ratlos. Meine Frau und ich standen hilflos am Bett und mussten ohnmächtig zusehen, wie er sich minutenlang schreiend aufbäumte, bis er völlig erschöpft zusammenbrach oder heftigste Schmerzmittel endlich wirkten. Unerträgliche Augenblicke mit unbeantwortbaren Fragen: »Ist es nicht genug, dass ein Kind nach und nach alle kognitiven und motorischen Fähigkeiten verliert? Muss er auch noch so leiden?« Dann Momente des Loslassens. Während die medizinischen Geräte blinkten und die Alarmglocken schrillten, sprachen wir ihm zu: »Jonathan, du darfst gehen. Wir sind bei dir. Jesus wartet auf dich. Du bist sein Kind! Er wird abwischen alle Tränen. Der Tod wird nicht mehr sein, kein Schmerz und kein Geschrei!« Doch Jonathan kam zurück und erholte sich. Nach einer Operation stabilisierte sich sein Zustand und wenige Wochen danach konnte er entlassen werden – wieder eine Runde tiefer in der Abwärtsspirale der unaufhaltsamen Krankheit, doch in einer Art Bonuszeit, die Gott ihm schenkte.

»Ich will euch wegführen von den Lasten.« Irgendwann in dieser intensiven Zeit fiel mein Blick auf jene Worte aus 2. Mose 6,6. Eine Verheißung Gottes, die ich persönlich nehmen wollte – mit dem hartnäckigen Trotz des Glaubens. Also druckte ich den Vers aus und illustrierte ihn mit einem Wanderer, der mit schwerem Rucksack Richtung Berge schaut.

DER KRISE FOLGT DIE BÜROKRATIE

Wie gesagt, die Worte hängen immer noch an Ort und Stelle. Auf die Gesundheitskrise folgte der bürokratische Wahnsinn, eine neue Pflegeeinrichtung zu suchen und den mittlerweile volljährigen Sohn im Sozialsystem zu verorten. Kaum sind insgesamt 150 Seiten Anträge bewilligt, machen sich die traumatischen Erfahrungen bei unserer Tochter bemerkbar. Kein Wunder, sie hat alles hautnah miterlebt. Kaum ist sie auf einem guten Weg, hat meine Frau einen Fahrradunfall. Kaum ist ihr Gips weg, hängen wir wochenlang in der Erkältungswelle fest. Manchmal kommt mir ein zynischer Gedanke: »Vielleicht werde ich diesen Vers nie mehr abhängen und ihn irgendwann an meinen Sarg heften lassen. Spätestens dann ist er erfüllt!« Doch nein, so schnell gebe ich nicht auf. »Ich lasse dich nicht, du segnest mich denn« (1. Mose 32,27; LUT).

HANDGRIFFE & LEITERSPROSSEN

NACHDENKEN

- Wie viel Prozent deiner Gebete sind geprägt von einem »Trotzdem« oder »Jetzt erst recht«?

- Wann ist für dich die Grenze des Vertrauens erreicht?

- Was kann dir dann helfen, weiter an Gott festzuhalten?

ENERGIERIEGEL & WASSERFLASCHE

VERINNERLICHEN

»Der Kampf gegen Gipfel vermag ein Menschenherz auszufüllen. Wir müssen uns Sisyphos als einen glücklichen Menschen vorstellen« (Albert Camus).[2]

MACHEN

Die Pause-App unterbricht deinen Alltag für 1- bis 10-minütige Meditationen und Gebete für Mut machende und stärkende Atempausen im Kampf gegen die Gipfel: www.pauseapp.com

DR. DIRK KELLNER

»COOL, DASS DU GEBETET HAST! ICH HABE MICH NACHHER ANDERS, SICHERER GEFÜHLT.«

Bibelstelle: Josua 1,9

Ein dicker roter Pfeil zeigt geradeaus, in eine Richtung, die mein Kletterpartner und ich als falsch erachten. Wir stehen mitten in der Watzmann-Ostwand, der höchsten Wand der Ostalpen. Über 2000 Höhenmeter sind es vom Königssee zur Südspitze. Aufgrund der Länge wird die Route nur an sehr wenigen Stellen mit dem Seil gesichert. Über 120 Personen fanden hier bisher den Tod.

GOTT VERTRAUEN

Die Kletterkarabiner haben wir gerade geöffnet, unser Seil aufgenommen. Wir vertrauen unserem Führerbuch und laufen nicht dem Pfeil nach, sondern nach rechts. Die Tour zieht sich. Immer wieder sind wir verunsichert und versuchen, dieses Felsenmeer übereinzubringen mit den Beschreibungen aus unseren Führern. Wir wissen: Die größte Gefahr ist das Versteigen. Denn dann kommen wir ganz schnell in Gelände, dem wir nicht mehr gewachsen sind.

Ich halte inne und sage zu meinem Kletterpartner: »Ich fühle mich nicht wohl. Ich möchte gerne ein Gebet sprechen. Wenn du willst, bleib dabei, dann beten wir zusammen. Oder du gehst halt schon mal ein paar Meter vor.« Er entscheidet sich vorzugehen. Ich setze mich. Ich bete und erzähle Gott, wie es mir geht, sage ihm, dass ich mich verloren fühle, dass ich Angst habe, dass ich ihn und seine Führung brauche. Ich bitte ihn, dass er uns Sicherheit gibt und uns den Weg führt, den wir gehen sollen.

Ich laufe meinem Kletterpartner hinterher und sehe vor mir auf dem Boden eine Traubenzucker-Verpackungsfolie liegen. Ich frage meinen Partner, ob er sie verloren hat. Er verneint und ich sehe es als Zeichen Gottes, dass wir auf dem richtigen Weg sind. Es muss wohl eine der vor uns gehenden Seilschaften verloren haben. Kurz darauf sehen wir die Biwakhöhlen, die auch in unseren Beschreibungen eingezeichnet sind, und wissen: Wir sind richtig.

Der Bibelvers »Sei stark und mutig! … Denn ich, der Herr, dein Gott, bin bei dir, wohin du auch gehst« (Josua 1,9) wurde mir von meinem Patenonkel als Teenager zugesprochen. Immer wieder hat er mich in schwierigen Situationen ermutigt. Manchmal so direkt wie auf dieser Tour, viel öfter habe ich aber erst im Nachhinein gespürt, dass Gott mit mir gegangen ist. Am Berg, aber vor allem auch durch den Alltag. Meine Erfahrung ist: Gott ist dabei in den Fragen, ob ich umziehen, den Job wechseln oder mit fast vierzig noch mal studieren soll …

GOTT ERLEBEN

Und genau in diesen Fragen im Leben und am Fels spricht Gott mir mit diesem Satz Mut zu. Sofern Gott und sein Wort mir nicht eindeutig etwas anderes sagen, gehe ich mutig vorwärts, probiere neue Dinge aus und lege in kniffeligen Situationen eine Pause ein, um zu beten. Und das hilft nicht nur mir. Beim Abstieg vom Watzmann sagte mir mein Kletterpartner: »Cool, dass du gebetet hast! Ich habe mich nachher anders, sicherer gefühlt.«

HANDGRIFFE & LEITERSPROSSEN

NACHLESEN
Lies dir mal 5. Mose 31 und Josua 1 durch. Wie oft findest du die Aufforderung »Sei mutig und stark!« in den beiden Kapiteln?

- In welchem Lebensbereich fordert Gott dich heute dazu auf, mutig und stark zu sein?

- Was genau ist es, was dich davon abhält? Hast du mit Gott über diese Punkte gesprochen? Gebet gibt neue Kraft, und oft zeigt Gott sich anschließend auch ganz deutlich.

ENERGIERIEGEL & WASSERFLASCHE

VERINNERLICHEN

Noch ein paar starke Sätze, über die du diese Woche nachdenken kannst:

»Gott hat uns nicht einen Geist der Furcht gegeben, sondern einen Geist der Kraft, der Liebe und der Besonnenheit« (2. Timotheus 1,7).

»Jeder Mann stirbt, aber nicht jeder Mann lebt wirklich« (William Wallace, Freiheitskämpfer im Film »Braveheart«).[3]

Von Corrie ten Boom, Judenretterin in den besetzten Niederlanden während des Dritten Reichs, stammt die treffende Aussage »Mut ist Angst, die gebetet hat«.

Und der Dramatiker und Theaterregisseur Bertolt Brecht sagt: »Wer kämpft, kann verlieren.
Wer nicht kämpft, hat schon verloren.«

DANIEL JÄGERS

»ICH WILL MEINE VERANTWORTUNG ANPACKEN IM VERTRAUEN DARAUF, DASS GOTT SEINE FINGER IM SPIEL HAT.«

Bibelstelle: Josua 1,9

Es ist mal wieder so weit. Der tägliche Blick auf unsere Finanzplanung erfüllt mich zunehmend mit Sorge. Am Sonntag fragt der Pastor in seiner Predigt, wer bereit ist, sich Jesus ganz anzuvertrauen, mit Jesus »auf dem Wasser zu gehen«. Ich nicht! Ich bin eine Memme! Denn allmählich wird mir bewusst, dass es mir enorm schwerfällt, Jesus zu vertrauen, wenn mein Kontostand mir kein Polster signalisiert.

GEÄNGSTIGT UND GENERVT

Das erinnert mich an eine Zeit, in der ich zutiefst entmutigt war. Ich hatte Personalprobleme, als Unternehmen verdienten wir nicht genug und privat hatten wir gerade ein Haus gekauft. Ich werde nie vergessen, wie ich im Nordseeurlaub jeden Tag auf das Geschäftskonto schaute, weil wir den Kreditrahmen bis zum äußersten Limit ausgeschöpft hatten und ich dringend auf Zahlungen wartete … Ich war frustriert. Ich hatte Angst. Ich habe mich infrage gestellt. Ich war genervt. Ich war entmutigt. Warum hatte ich eigentlich diese verrückte Idee gehabt, einen eigenen Verlag zu gründen?!

Und dann schickte mir eine Frau, die regelmäßig für uns betet, per Post ein Foto und darunter einen Bibelvers: »Habe ich dir nicht geboten: Sei getrost und unverzagt? Lass dir nicht grauen und entsetze dich nicht; denn der Herr, dein Gott, ist mit dir in allem, was du tun wirst« (Josua 1,9; LUT).

Dieser Vers hat mich getroffen. Und er wurde auf einmal lebendig für mich. Zum Geburtstag bekam ich eine gedruckte Karte – und was stand drauf? Josua 1,9! Irgendwann später habe ich beim Kramen in einer Schreibtischschublade überrascht entdeckt: Das ist ja mein Taufspruch! Dieser Vers wurde mir schon vor fünfundzwanzig Jahren zugesprochen! Und die Tatsache, dass ich mir diesen Vers damals nicht selbst ausgesucht hatte, machte es mir leichter, mir dieses Wort jetzt endlich zu eigen zu machen. Ich hatte die Chance offenbar gar nicht erkannt, mich von einem Bibelwort besonders begleiten und prägen zu lassen.

Doch nun habe ich beschlossen: Darin will ich leben, diesen Zuspruch will ich mir jetzt zu eigen machen, diese Aufforderung soll sich in meinem Leben verästeln. Ja, ich will weiter im Vertrauen wachsen, dass Gott bei mir ist. Das geschieht nicht von heute auf morgen. Aber allmählich ändert sich meine Grundhaltung. Ich fasse neuen Mut, meine Verantwortung anzupacken. Meine Arbeit zu tun im Vertrauen darauf, dass das alles eben nicht nur auf meinem Mist gewachsen ist, sondern dass Gott seine Finger im Spiel hat. Ich werde entschlossener, nicht aufzugeben.

FESTGEKLAMMERT UND GEHALTEN

Im Urlaub damals habe ich begonnen, meine Haltung zu Geld und zu Gewinn infrage zu stellen. Ich habe mich entschieden, anders damit umzugehen, als ich von zu Hause geprägt war. Und ich habe unbequeme Entscheidungen getroffen, musste lernen, noch viel mutiger Nein zu sagen.

Als wir zehn Jahre später umziehen, Familie und Verlag, erlebe ich das wieder als extrem herausfordernd. Und dann kommt noch ein Leistenbruch dazu. Auch in diesen Monaten, die von Angst und Sorgen gezeichnet sind, klammere ich mich fast täglich an diesen Vers. Und ich weiß mich gehalten.

HANDGRIFFE & LEITERSPROSSEN

NACHDENKEN

- Gott fordert Josua nicht nur einmal auf, nicht den Mut zu verlieren, sondern ganze sieben Mal. Offenbar sind wir in guter Gesellschaft, wenn wir manchmal am liebsten umkehren würden …

- Gibt es einen Bibelvers, der dir persönlich zugesprochen wurde? Hast du ihm schon die Chance gegeben, zum Kletterkarabiner für dich zu werden, sich fest mit deinem Leben zu verbinden?

ENERGIERIEGEL & WASSERFLASCHE

MACHEN

Wem aus deinem Umfeld kannst du in dieser Woche eine WhatsApp, E-Mail oder SMS mit diesem Bibelvers schicken?

DAVID NEUFELD

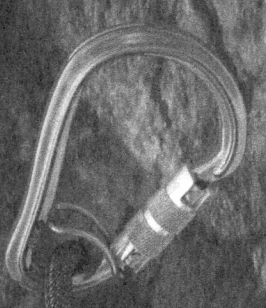

»FELS, BURG, FESTUNG – DAS SIND GOTTES ZUSAGEN FÜR DICH.«

Bibelstelle: Psalm 18,3

Vor dem Bunker stehend, starrte ich auf die Mauern des Eingangs, der als Treppenschacht in die Tiefe führte. »Das soll uns also schützen, wenn die Raketen niedergehen?«, murmelte ich besorgt. Meine Blicke wanderten zu meinen Kindern, die unbeschwert auf dem Basketballplatz tobten – unsere Teenager und die Kleinen. Doch die Anspannung bei uns Eltern war extrem.

UNGESCHÜTZT

Wir waren zu Freunden in die Stadt geflüchtet, da befürchtet wurde, dass Terrororganisationen die Nordgrenze Israels überrennen könnten, ähnlich wie beim Terrorangriff aus Gaza 2023. Die Armee warnte, dass ein Angriff der Hisbollah aus dem Norden einem Raketenhagel gleichkäme, während die Raketen bei Gaza im Vergleich dazu einem leichten Sommerregen glichen. »Ein paar Tage müssen wir das aushalten, falls es passiert«, erklärte ein Armeesprecher. Wir hatten schon viele Krisen, Kriege und Terrorgefahren erlebt, aber das überstieg unsere Vorstellungskraft. Meine größte Angst galt meiner Frau und den Kindern. Je mehr ich der Sorge Raum gab, desto schlimmer wurden die Bilder in meinem Kopf, was mit ihnen passieren könnte. Zu Hause hatten wir Sicherheitsmaßnahmen getroffen, Äxte und Messer an bestimmten Stellen versteckt und unser Haus verbarrikadiert. Doch unser kleiner Ort war ungeschützt und von vielen Seiten zugänglich, deshalb waren wir nun in der Stadt.

Je länger ich den Bunker anstarrte, desto dünner schienen mir die massiven Stahlbetonwände. Kurz vor unserer Flucht gab mir ein alter Freund, der früher Soldat war, mit auf den Weg: »Der Herr ist mein Fels, meine Burg und mein Retter; mein Gott ist meine Zuflucht, bei dem ich Schutz suche. Er ist mein Schild, die Stärke meines Heils und meine Festung!« (Psalm 18,3). Die Bilder aus dem Psalm schlugen regelrecht in mein Herz ein: Fels, Festung, Burg. Der Psalmist benutzt mächtige Bilder, die wir uns vor Augen führen sollen.

Wie genial ist es, dass Gott so starke Vergleiche nutzt und nicht sagt: »Ich bin deine Krankenversicherung, deine sichere Sparanlage, dein TÜV-geprüftes Sicherheitsschloss« und so weiter. Diese Dinge sind zwar nützlich, können aber zu Bunkern werden, die uns trügerische Sicherheit vorgaukeln und uns von Gott ablenken. In Momenten der Not, Angst und Krise stehen wir dann vor unserem Bunker und erkennen, dass seine Wände nicht die erhoffte Sicherheit bieten. Fels, Burg, Festung – das sind Gottes Zusagen, was er für dich und mich sein will. »Ich bin mächtiger als das, was du woanders suchst, worauf du deine Sicherheit baust«, ruft er dir zu. Diese Zusagen musst du dir immer wieder vor Augen führen, um dich auf eine Krise vorzubereiten. In Zeiten des Kampfes und der Not müssen wir uns aktiv die Zusagen Gottes bewusst machen. Am besten trainiert man das schon in »Friedenszeiten«.

Als die Sirenen erneut heulten und wir mit den Kindern wieder zu Hause ohne Bunker unter der Treppe Schutz suchten, wiederholte ich unermüdlich Gottes Zusagen, während wir der Angst ins Auge blickten. Und ich kann dir sagen, wenn auf dein Leben »Raketen« einprasseln, wird er da sein, wenn du ihn rufst: »Mein Fels, meine Burg, meine Festung!«

HANDGRIFFE & LEITERSPROSSEN

NACHDENKEN

»Luxusgut Zeit«, lautete die Überschrift eines Artikels.
Eine treffende Beschreibung! Tatsächlich müssen wir uns
Zeiten für die Beziehungspflege mit Gott erkämpfen. Ich
ermutige dich, Routinen zu entwickeln, um deine Beziehung
mit Gott zu pflegen, aber auch, dir aktiv konkrete Zusagen
Gottes zuzusprechen. Das ähnelt einem Sporttraining.

- Wie könntest du Routinen schaffen? Bei mir ist es
  die morgendliche Laufrunde. Was wäre deine?

- Welche Zusagen solltest du dir aktiv zusprechen?

ENERGIERIEGEL & WASSERFLASCHE

MACHEN

Notiere dir deine eigene Liste mit Zusagen Gottes, die du
immer wieder liest. Eine Liste kann zum Beispiel so aussehen:

1. Ich bin ein Sohn Gottes in Jesus (Galater 3,26.28).

2. Ich bin mutig (Josua 1,9).

3. Gott ist für mich, niemand kann gegen
   mich erfolgreich sein (Römer 8,31).

4. Alles dient mir zum Guten, auch meine
   Schlachten (Römer 8,28).

BENJAMIN FUNK

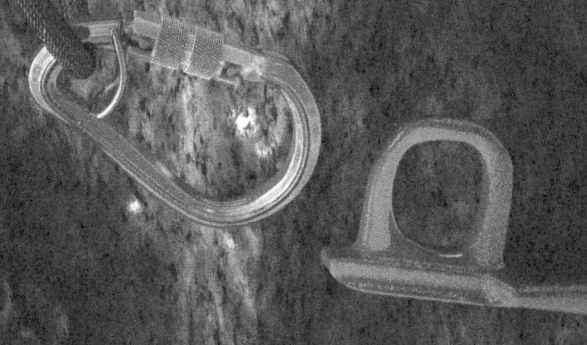

»WENN ICH SEINE STIMME
HÖREN WILL, MUSS
ICH LERNEN, IN SEINER
GEGENWART STILL ZU SEIN.«

Bibelstellen:
Psalm 23,1-6; Psalm 127,1-2

Viele Jahre meines Lebens verliefen gemäß den Zusagen aus Psalm 23. Nichts fehlte mir: glücklich verheiratet, drei Kinder, erfolgreicher Manager, Auslandsaufenthalte mit der ganzen Familie. »Er weidet mich auf saftigen Wiesen und führt mich zu frischen Quellen. Er gibt mir neue Kraft. Er leitet mich auf sicheren Wegen« (Psalm 23,2-3; HFA). Ich fragte mich aber schon damals: Wird mich mein Glaube auch tragen, wenn die Stürme des Lebens aufziehen? »Was schiefgehen kann, geht schief«, besagt Murphy's Law. Sollte ich einen vorbereiteten Plan B in der Tasche haben, falls Plan A scheitert? Was aber sagt Gott zu einem Plan B?

GOTTES PLAN VERSUS MENSCHLICHE LOGIK

In einem anderen Psalm ist zu lesen: »Wenn der Herr nicht das Haus baut, ist die Arbeit der Bauleute vergeblich. Wenn der Herr die Stadt nicht beschützt, ist es vergeblich, sie mit Wachen zu umgeben … denen, die Gott lieben, gibt er es im Schlaf« (Psalm 127,1-2). Was also tun als Manager mit Tatendrang? Bei der Arbeit ein Nickerchen riskieren und auf den Herrn im Schlaf vertrauen, statt mich auf menschliche Pläne zu verlassen?

Nach siebenundzwanzig Jahren Betriebszugehörigkeit wurde ich mit Mitte fünfzig unerwartet aus meiner beruflichen Bahn geworfen. Ich stand als David einem Goliath gegenüber. Dieser Kampf war nicht nur eine Herausforderung, sondern wurde zu einer lebensverändernden Gelegenheit, Gottes Gegenwart und Führung in meinem Leben zu erfahren. Am Tag meiner Abberufung als Geschäftsführer legte ich mein Schicksal in Gottes Hände, so wie die Israeliten damals beim Auszug aus der Sklaverei. Auf dem Weg durch alle Instanzen bis zum Bundesarbeitsgericht durchwanderte ich unzählige Wüsten und finstere Täler im Vertrauen auf die Verheißung, in ein Land zu gelangen, in dem Milch und Honig fließen.

Mein Anwalt hatte wenig Verständnis für mein Vertrauen auf Gottes Wort. Sein Plan B war, in der zweiten Instanz einen Vergleich zu schließen, nach dem Motto: »Nimm den Spatz in der Hand, wer weiß, ob die Taube auf dem Dach nicht davonfliegt.« Nach dreieinhalb Jahren

Wüstenzeit musste sich mein Unternehmen vom Bundesarbeitsgericht erklären lassen, dass die Kündigung unwirksam war. Der Herr bereitete mir »einen Tisch im Angesicht meiner Feinde« (Psalm 23,5; LUT). Am Ende zeigte sich: Gott hat einen Masterplan für mich.

GOTT BEIM WORT NEHMEN

Gott der Herr hat einen Masterplan für jeden von uns. Wenn ich seine Stimme hören will, muss ich lernen, in seiner Gegenwart still zu sein und mein Herz für seine Führung zu öffnen. Meine Pläne mit seinem Plan abzugleichen, erfordert tiefes Vertrauen darauf, dass seine Wege besser sind als meine, und die Bereitschaft, meine Pläne seinem Willen zu unterstellen.

Nimm Gott den Herrn beim Wort. Er möchte auch deinen Becher bis zum Rand füllen. Er möchte dich mit seiner Güte und Liebe jeden Tag begleiten, und in seinem Haus darfst du dein Leben lang bleiben (vergleiche Psalm 23,5-6; HFA).

HANDGRIFFE & LEITERSPROSSEN

NACHDENKEN
Drei Gedanken mögen dir helfen, über deine persönliche spirituelle Reise nachzudenken und Schritte zu erkennen, die du unternehmen kannst, um im Glauben weiterzukommen und den Herausforderungen des Lebens standzuhalten.

- Wo befindest du dich gerade auf deiner Lebensreise? Bist du auf einem Berggipfel, in einem Tal oder irgendwo dazwischen?

- Wie groß ist deine Offenheit und Bereitschaft, Gottes Führung zu empfangen und zu befolgen? Wo wünschst du dir mehr Weisheit und Vertrauen in Gottes Plan?

- Gibt es eine spezielle Herausforderung oder ein Tal, durch das du gerade gehst? Wie könntest du die Psalmen 23 und 127 als Quellen von Trost, Mut, Kraft und Motivation nutzen?

ENERGIERIEGEL & WASSERFLASCHE

BETEN

»Vater, ich komme zu dir in der Stille meines Herzens. Ich danke dir für deine Führung und Fürsorge, die mich tagtäglich begleiten. Schenke mir ein hörendes Herz, damit ich deine Stimme in meinem Leben klar erkennen und deinem Ruf folgen kann. Gib mir die Weisheit, auf dich zu vertrauen, auch wenn Stürme mein Leben durchziehen. Stärke meinen Glauben, damit ich mutig und zuversichtlich den Weg gehe, den du für mich vorbereitet hast. Hilf mir, Momente der Ruhe in dir zu finden, und lehre mich, deinen Masterplan für mein Leben zu erkennen und anzunehmen. Möge deine Liebe mein Herz erfüllen und mir Kraft geben, jeden Tag als ein Geschenk aus deiner Hand zu sehen. In Jesu Namen, amen.«

ANSGAR ELFGEN

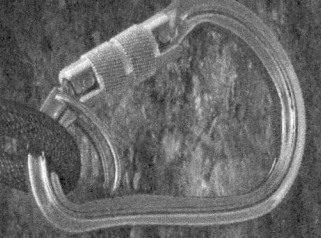

9. DER ÜBERFLIEẞENDE BECHER

»WER WEISS, DASS FÜR IHN GESORGT WIRD, KANN MUTIG AUFBRECHEN, AUCH IN EIN UNBEKANNTES LAND.«

Bibelstelle: Psalm 23,5

Ich sitze im Zug Richtung Hamburg. Der in die Jahre gekommene Waggon ruckelt gleichmäßig im Takt. Vor meinem inneren Auge ziehen noch einmal die Erlebnisse der letzten Monate vorbei. Eine berufliche Aufgabe, die ich als Auftrag Gottes empfunden und die mir viel Freude gemacht hat, geht ihrem Ende entgegen.

ANGEFRESSEN UND HALB LEER

Obwohl ich es mir selbst nur schwer eingestehen mag: Das Dienstende hat mich emotional »angefressen«. Unverständnis, Frust und das Gefühl, nicht ganz fair behandelt worden zu sein, nagen an mir.

Jetzt komme ich von einem Vorstellungsgespräch in einer Gemeinde ganz im Süden der Republik. Die Begegnung ist durchaus positiv gelaufen. Nun liegt es an mir, ob ich zu der neuen Aufgabe ein Ja finden kann. Die Entscheidung fällt mir schwer. Die neue Gemeinde liegt 800 Kilometer von meiner Heimat Hamburg entfernt. Ein Umzug würde große Auswirkungen haben, nicht nur für mich, meine Frau und meine Kinder – auch für unsere inzwischen alt gewordenen Eltern. Und kann es mir gelingen, mich noch einmal auf eine neue Gemeinde einzustellen?

Der gleichmäßige Takt des Zuges wiegt mich in einen unruhigen Halbschlaf und lässt meine Gedanken kreisen. Intuitiv bete ich den Psalm 23: »Der Herr ist mein Hirte, mir wird nichts mangeln« (Vers 1; LUT). Bei Vers 5 bleibe ich hängen: »Du salbst mein Haar mit duftendem Öl und füllst mir den Becher bis zum Rand« (BB). Was für eine Zusage! Gott meint es gut mit mir! Er sorgt für mich, nicht nur »gerade eben so«, sondern großzügig, überfließend. Mein Herz wird ruhig. Wenn dieser Gute Hirte mich führt, dann will ich gerne aufbrechen.

Einige Tage später klopft es während einer Dienstbesprechung an meiner Bürotür. Vor mir steht ein Kollege aus der Nachbargemeinde und hält einen Becher in der Hand. »Markus, der ist für dich! Du sollst wissen, du hast einen Guten Hirten. Er sorgt für dich, wo immer es auch für euch als Familie hingeht. Denk immer daran: Psalm 23 – der Becher fließt über!«

Fast fünf Jahre sind seit diesem Ereignis vergangen. Immer wieder muss ich an diesen prophetischen Zuspruch meines Kollegen denken. Hat er sich erfüllt?

ERMUTIGT UND ÜBERVOLL

Tatsächlich fühle ich mich reich beschenkt. Gott hat für uns gesorgt. Der Becher ist bis zum Rand gefüllt mit Freundschaften, Ermutigungen, Begegnungen. Auch für eine schöne Wohnung, nette Nachbarn und eine traumhafte Natur in der Umgebung hat er gesorgt. Der Gute Hirte hat es sogar geschenkt, dass ich hier, was mein großer Wunsch war, neben meinem Pastorendienst eine Lehrbeauftragung an einem Theologischen Seminar bekommen habe.

Ist also »alles in Butter«? Gibt es keine Fragen, Konflikte, Herausforderungen? Das zu behaupten, wäre nicht nur unrealistisch, es würde auch der Intention des Psalms widersprechen. Der Psalmbeter kennt durchaus Dürrephasen, Angriffe und sogar das »finstere Tal«. Aber in dem allen ist er nie allein. Der Gute Hirte begleitet ihn, er schützt ihn, er sorgt für ihn großzügig und vor allem: Er führt ihn sicher zum Ziel.

Vielleicht geht es dir ähnlich wie mir damals: Große Entscheidungen und neue Wege liegen vor dir. Dann möchte ich dir Mut machen, dem Guten Hirten Jesus Christus zu vertrauen. Wer weiß, dass für ihn gesorgt wird, kann mutig aufbrechen, auch in ein unbekanntes Land, und so zu einem Segen für andere werden.

Der Becher meines Kollegen hat übrigens einen Ehrenplatz in meinem Büro bekommen! Jeden Tag erinnert er mich an den Guten Hirten.

HANDGRIFFE & LEITERSPROSSEN

NACHDENKEN

Jesus fragt seine Jünger in Lukas 22,35 (BB):
»Ich habe euch ohne Geldbeutel, ohne Vorratstasche und ohne
Sandalen ausgesandt. Hat euch da irgendetwas gefehlt?«
Die Antwort der Jünger ist erstaunlich: »Nein, nichts!«

- Wie würde deine Antwort ausfallen?

ENERGIERIEGEL & WASSERFLASCHE

VERINNERLICHEN

Präge dir für diese Woche diesen Liedvers
von Klaus-Peter Hertzsch ein:

**Vertraut den neuen Wegen
und wandert in die Zeit!
Gott will, dass ihr ein Segen
für seine Erde seid.
Der uns in frühen Zeiten
das Leben eingehaucht,
der wird uns dahin leiten,
wo er uns will und braucht.**[4]

MARKUS ENDLICH

46

10. MEHR ALS NUR EIN WARTEZIMMER

»WARTEN FÜHLT SICH LEIDER DOOF AN.«

Bibelstelle: Psalm 27,14

Sommer 2015: Ich habe meine Traumfrau kennengelernt – nur weiß sie das leider nicht. Im Gegenteil: Ich werde von ihr offiziell »ge-friend-zoned«. Ich bete, naiv, aber aus vollem Herzen: »Gott, und wenn es das letzte Gebet ist, das du erhörst: Lass das nicht das Ende sein!« Die nun offiziell »gute Freundin« schickt mir am Abend des gleichen Tages einen Bibelvers. Das ist an sich nicht ungewöhnlich, wir machen das seit einer Weile so. Und doch schlägt der Vers ein wie eine Bombe. »Harre des Herrn! Sei getrost und unverzagt und harre des Herrn!« (Psalm 27,14; LUT). »Harren ...« Wenn sie wüsste, worauf ich diesen Vers beziehe! Wenn sie wüsste, dass sie soeben zur Übermittlerin von Gottes Antwort geworden ist: »Paul, dein Gebet ist angekommen.«

SO LANGSAM KÖNNTE ES MAL ...

Sommer 2019: Ich habe zu meiner Traumfrau soeben »Ja, ich will!« gesagt. Die Glocken läuten, das Fest beginnt. Und unser gemeinsames Leben. Ich freue mich auf die gemeinsame Zeit, auf eine eigene Familie. Ab jetzt wird alles perfekt! Sommer 2021: So langsam könnte das mit der eigenen Familie aber mal klappen. Das Psalmwort hat seine Richtigkeit, oder? Weiterbeten. Sommer 2022: Puh, wäre ja schon schön, irgendwann mal Papa zu werden. Oder vielleicht soll's einfach nicht sein? »Gott, bitte lass das nicht das Ende sein.« Dranbleiben. Herbst 2023: Wir sind zu dritt! »Vielen Dank, Gott!«

Ich hasse Warten. Ob im Supermarkt, im Restaurant oder auf die Deutsche Bahn – es ist langweilig, vergeudete Zeit. Aber es gehört anscheinend zum Leben dazu. Und interessanterweise auch zum Glaubensleben. Zumindest lese ich, wenn ich's in meiner Bibel nachschlage, 39-mal von »auf den Herrn warten«. Für jeden Tag des Monats und noch für eine gute Woche on top. Fühlt sich nur leider doof an. Denn ich will ja was machen, aktiv werden, anpacken. Dafür gab's vom Schöpfer doch Hirn und Verstand, oder? Offenbar ist das aber nur die eine Hälfte der Gleichung. Die zweite, weitaus wichtigere nenne ich »Gottes Wartezimmer«.

Warten kann ich auf ganz unterschiedlich Weise: frustriert, pessimistisch und passiv – oder aktiv: wachsam, voller Gebet und Hoffnung. Und wie so oft ist das etwas, was ich lernen kann. Ein Muskel, den ich trainieren kann. Das Ergebnis ist sicher nicht immer so, wie ich es mir vorstelle. Nicht alles Warten endet so wie die oben beschriebenen Geschichten. Doch in anstrengenden und langwierigen Trainings-Sessions im Fitness-Studio lerne ich und entwickle mich weiter. Wenn es richtig anstrengend wird, zehre ich vor allem von den Erinnerungen an Erfolgserlebnisse.

SICH DANKBAR ERINNERN ...

Weil ich vergesslich bin, halte ich mir die besten Storys regelmäßig vor Augen. Ich erzähle von ihnen, immer wieder, und ich entwickle Gewohnheiten, die mir beim Trainieren helfen. Und so wird aus dem Wartezimmer Gottes mein ganz persönliches Fitness-Studio. Mit Jesus, dem besten Trainer, an meiner Seite. Wann Psalm 27,14 das nächste Mal auf meinem Trainingsplan steht? Mal gucken, lohnen wird es sich aber auf jeden Fall.

HANDGRIFFE & LEITERSPROSSEN

NACHDENKEN

- Wo steht für dich gerade Warten auf dem Trainingsplan?

- Welche Story aus deinem Leben solltest du dir
  mal wieder dankbar vor Augen führen?

ENERGIERIEGEL & WASSERFLASCHE

BETEN

Nutze diese Woche zum Beispiel folgende
Worte im Gebet um Gelassenheit:

Gott, gib mir die Gelassenheit, die Dinge hinzunehmen, die ich
nicht ändern kann, Mut, die Dinge zu ändern, die ich ändern
kann, und Weisheit, um den Unterschied zwischen beidem zu
erkennen. Einen Tag nach dem anderen zu leben, einen Moment nach dem anderen zu genießen, Beschwernis als einen
Weg zum Frieden zu akzeptieren, diese sündige Welt, wie Jesus
es tat, so anzunehmen, wie sie ist, nicht so, wie ich sie gern
hätte, darauf zu vertrauen, dass du alles richtig machen wirst,
wenn ich mich deinem Willen hingebe, auf dass ich recht glücklich sein möge in diesem Leben und überglücklich mit dir auf
ewig im nächsten. Amen.[5]

PAUL VON PREUSSEN

»WARUM ZAUDERE ICH SCHON MORGENS BEI DER FRAGE: HEUT DIE SCHWARZE ODER BLAUE JEANS, SNEAKER ODER LEDERHALBSCHUHE, MÜSLI ODER BROT?«

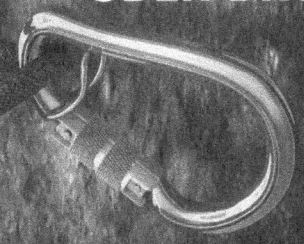

Bibelstelle: Psalm 32,8

»Ich will dir Verständnis geben und den Weg weisen, den du gehen sollst. Ich will dich beraten – mein Auge ruht auf dir« (Psalm 32,8). Wir haben diesen Vers aus den Psalmen für unseren ersten Sohn ausgewählt, als er als Säugling in unserer Gemeinde gesegnet wurde, weil wir die Zusage, dass ihn Gott leiten will, grandios fanden. Als er sich mit gut neun Jahren dazu entschloss, sich taufen zu lassen, waren wir sehr dankbar, dass Gott ihn zu diesem Glaubensschritt geleitet hat. Ganz nebenbei hat unser Großer den Segnungsvers auch gleich als Taufvers behalten.

VIELE FRAGEZEICHEN DES LEBENS

In jedem Leben gibt es viele Wendepunkte und Wegkreuzungen mit kleinen und großen Entscheidungen: Welche Hebamme für unser Kind? Welche Kita ist die beste, welche Grundschule? Gesamtschule oder doch Gymnasium? Französisch oder Latein als zweite Fremdsprache? Ausbildung nach der 10. oder nach der 13. Klasse? Studium? Wo leben? Ist die Partnerin bzw. der Partner richtig? Sollen wir ein Haus mieten oder kaufen? Bleibe ich im sicheren, aber ungeliebten Job oder mache ich mich auf die Suche nach der Traumtätigkeit? Unendlich lässt sich die Kette der Lebensentscheidungen fortsetzen, im Großen wie im Kleinen.

Mit mittlerweile dreiundfünfzig Lebensjahren auf der Lebens-Uhr frage ich mich oft, ob ich nicht langsam alt genug sein müsste, um zu wissen, was richtig für mich und mein Umfeld ist. Warum zaudere ich manchmal schon morgens bei der Frage: Heut die schwarze oder blaue Jeans, Sneaker oder Lederhalbschuhe, Müsli oder Brot ...? Mann, denke ich, das müsste man flotter entscheiden können in deinem Alter. Und doch geht es mir so in vielen Bereichen wie Familienurlaubsplanung, Renovierungsprojekten und Ähnlichem. Was ist richtig, habe ich alles bedacht, ist es nicht so vorteilhafter/billiger/nachhaltiger ...!? Eine Rest-Unsicherheit, ein ungutes Gefühl, bleibt von Zeit zu Zeit.

An den wichtigen Weggabelungen und auch den oft eher nichtigen (Müsli- oder Sneaker-)Fragen meines Lebens bin ich sehr froh, mich an Psalm 32,8 erinnern zu können! Dort sagt der beste Pfadfinder und

Scout der Welt zu mir: »Ich will dir Verständnis geben und den Weg weisen, den du gehen sollst. Ich will dich beraten – mein Auge ruht auf dir« (Psalm 32,8).

GOTT SCHICKT EINEN SCHUBS-ENGEL

Das ermutigt mich. Nichtsdestotrotz werde ich weiter unsicher sein, wann immer eine Entscheidung ansteht, zaudern, viel darüber nachdenken oder auch mit anderen sprechen ... denn letztendlich muss ich irgendwann mal festlegen, ob ich »Rechts oder Links, Grün oder Rot, Fleisch oder Veggie« will!

Aber ich kann vorher beten oder für mich beten lassen und darauf vertrauen, dass Gott meine Gedanken oder Ratgeber richtig lenkt! Und falls ich doch einmal in eine Sackgasse oder völlig in die Irre abbiege, ist da wieder mein liebevoller Gott, der mich korrigiert, weil er mir zusagt: »Du Pfeife, ich seh dich doch, deine Sackgassen und Irrwege! Komm, ich geb dir die Hand oder auch mal den einen oder anderen Schubser in die richtige Richtung, denn: ›Ich will dich beraten und immer meinen Blick auf dich richten.‹« Danke, Gott!

HANDGRIFFE & LEITERSPROSSEN

WEITERLESEN

Genau die Dosis Zuspruch und Ermunterung,
die du morgens auch mal schnell lesen kannst:
»Überlebensgeschichten für jeden Tag« von Axel Kühner[6]

ENERGIERIEGEL & WASSERFLASCHE

ANHÖREN

Lied »My Lighthouse«

MACHEN

Klebe dir an den Badspiegel, die Haustür oder den
Schlüsselanhänger wichtig gewordene Bibelverse
oder Zitate, damit du den guten Nachrichten täglich
über den Weg läufst und daran erinnert wirst.

STEFAN MÜCK

54

»DASS GOTT GUTES IM SCHILD FÜHRT – IN DIESEM WISSEN HABE ICH NACHHOLBEDARF.«

Bibelstelle: Psalm 32,8

Quer durch meine verschiedenen Lebensphasen hatte ich immer wieder diese eine Frage: Wie finde ich raus, was Gott von mir will? Um es mit dem Bild dieses Buchs zu beschreiben: Wo hake ich mich für den nächsten Schritt an der Felswand ein? Wo bin ich für die nächsten Griffe sicher? Wo sollte die Route entlanggehen? Bin ich gesichert?

DER ROTE FADEN

Tatsächlich gibt es einen roten Faden, der sich bei mir durchzieht, und das sind die Augen meines Vaters. Jepp, die meines biologischen Vaters Hans. Auch wenn er inzwischen seit über 15 Jahren bei unserem gemeinsamen Vater ist, sind sie mir bis heute Anhaltspunkt. Ich weiß, das muss ich etwas näher erklären.

Dazu brauche ich erst mal einige Zeilen aus meinem Lieblingspsalm. An mehreren Stellen sagt dieser Psalm ausdrücklich, was Gott wichtig ist. Er will uns mit Güte umfangen, Grund zur Freude geben, beschützen und sogar Grund für Jubel geben. Und erst dann – in Vers 8 – spricht Gott selbst, und zwar einen Satz, der mich immer wieder »rockt«, der mich so richtig umgehauen hat und immer mehr prägt. Da heißt es: »Ich will dich ... mit meinen Augen leiten« (LUT).

Und ich wusste sofort, was das für mich hieß. Denn mein Vater kam ins Blickfeld. Und das hat mit seinen Augen zu tun. Zwei Beispiele aus meiner Kindheit: Da sind wir als Familie zu Gast bei anderen und ich als kleiner Knopf habe das eine oder andere am Tisch nicht so gemacht wie angemessen; ob es nun um ein weiteres Kuchenstück, eine Gemeinheit der kleinen Schwester gegenüber oder einen rausgerutschten Rülpser ging, sei dahingestellt. Und dann sehe ich diese Augen. Mein Vater sagt kein Wort, es ist auch für die anderen nicht groß bemerkbar – und doch braucht es auch keine Worte. Vaters Missfallen ist auch so spürbar. Oder umgekehrt, da habe ich eine Sache gut gemacht oder zumindest mit allem Fleiß mein Bestes gegeben, und dann sehe ich diese Augen ... Du kannst einfach kein größeres Lob bekommen, und wieder ist kein Wort gefallen. Und an diese Augen erinnere ich mich, wenn ich den Satz in dem Psalm lese: »Ich will dich mit meinen Augen leiten!«

Welche Voraussetzungen aber gibt es, um dem auch in geistlicher Hinsicht entsprechen zu können?

DREI LERNFELDER

Zum einen darf ich wissen, dass Gott es gut mit mir meint, dass ich sein geliebtes Kind bin. Dass er mich will, dass ich bei ihm sicher bin, dass Gott Gutes im Schild führt. Und da habe ich regelmäßig Nachholbedarf. Immer wieder – in aller Geduld, die nötig war – hat er mich erinnert, mich tief in meinem Inneren angesprochen, und hat die Rahmendaten bestätigt: Schutz, Begleitung, Segen, Grund zur Freude ...

Aber tatsächlich ist der entscheidende Punkt der zweite: Um Gottes Augen folgen zu können, also auf diese Weise führbar zu sein, muss ich in seiner Nähe sein. Eine gute Beziehung ist die Grundlage. Begegnungen in ganz alltäglichen Situationen. Dieser alltägliche Umgang hat weniger mit regelmäßiger Bibellese und Gebet zu tun als damit, wie meine Herzenseinstellung ist. Manchmal begegne ich Gott ganz ohne Reden.

Der – irgendwie logische – dritte Punkt ist: Im konkreten Fall muss ich auch hinschauen. Die einfachste Art und Weise, meinen Vater nicht zu verstehen, war, knapp an seinem Gesicht vorbeizugucken. Ich konnte im Zweifel immer sagen: »Habe ich nicht gesehen.« Aber ganz ehrlich – gewusst hab ich doch, was er mir sagen wollte.

Ich bin der festen Überzeugung, dass Gott uns nicht erst durch Donnern, durch Engel und Erdbeben oder »riesige Autobahnwegweiser« oder gar wie Esel – mit Zuckerbrot und Peitsche – führen will, sondern eingepackt in seine Vorleistung, seine Versorgung mit Schutz und vielen geistlichen Schätzen, durch eine persönliche Beziehung.

HANDGRIFFE & LEITERSPROSSEN

NACHDENKEN

- Weißt du tief in deinem Inneren, was du Gott bedeutest?

- Gibt es eine eigene Sprache zwischen dir und Gott, vielleicht sogar einen eigenen Code oder Running Gag, der dich zum Schmunzeln bringt?

- Wie sehr zweifelst du an dir selbst und denkst, Gott ist es, der zweifelt?

ENERGIERIEGEL & WASSERFLASCHE

VERINNERLICHEN

Manchmal hilf es, einen besonders geschätzten Bibelvers auswendig zu lernen oder Bilder von Gottes Zusagen »runterzuladen«, d. h., zu verinnerlichen (Du bist Kind/heilig/Botschafter/Salz/Duft …).

FRANK HEINRICH

»DIE VERHEISSUNG, DASS WIR GOTTES HANDELN KOMPLETT VERSTEHEN WERDEN, HABEN WIR NICHT.«

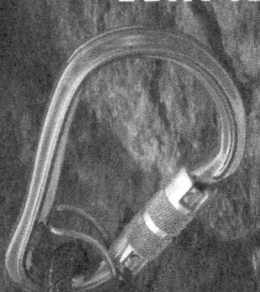

Bibelstelle: Psalm 63,2

Ich ringe mit Gott. Immer wieder. Je länger ich mit ihm lebe, desto öfter. Nicht auf der Matte, aber in Gedanken und im Gebet. In der Zeit als Konfirmand war mir klar geworden: Das mit dem Glauben ist keine Tradition, kein Ritual, kein Trostpflaster. Dieser Jesus ist lebendig! Und er spricht mich direkt an. Das war beeindruckend. Diese »erste Liebe« war geprägt von ungewöhnlichen Gebetserhörungen scheinbarer Banalitäten, intensiver Gemeinschaft und vielen positiven Emotionen. Der Himmel schien offen zu stehen und mir wurde immer bewusster: Gott kann wirklich alles.

WENN DIE ANTWORT AUSBLEIBT

Doch seither gibt es auch andere Erfahrungen: Zeiten von schwerer Krankheit in der Familie, Wunden, die mir andere in der Gemeinde zufügten, Momente, in denen ich spürte: Hier geht es für mich nicht mehr weiter. Auch noch einige Zeit nach dem Studium bleiben offene Zukunftsfragen: nach einer geeigneten Stelle als Pfarrer, nach dem richtigen Ort, nach einer Promotionsstelle. Und es bleibt mein Gebet: »Rede du, Gott!« Plötzlich gehen Türen auf: Da sind Menschen, die mich ermutigen, Ideen, die reifen, und der Eindruck: Da geht was! Kein halbes Jahr später sind die Türen wieder zu. Der Wind hat sich um 180 Grad gedreht. Es gibt gleich zwei Schicksalsschläge im engsten Familienkreis. Prioritäten müssen neu geordnet werden. Alle Hoffnung war umsonst. Dazu gesellt sich dann das unbehagliche Gefühl ausgebliebener Gebetserhörungen: »Gott, du könntest doch! Für dich wäre es ein Leichtes, hier zu helfen!« Zugleich kenne ich so viele Menschen, die ebenfalls mit Gott ringen – und mit Post-COVID, mit dem eigenen Chaos, mit dem Verlust von Angehörigen, die unerwartet verstorben sind.

Ich will Gott nicht loslassen. Wie David, der betet: »Gott, du bist mein Gott; dich suche ich von ganzem Herzen. Meine Seele dürstet nach dir, mein ganzer Leib sehnt sich nach dir in diesem dürren, trockenen Land, in dem es kein Wasser gibt« (Psalm 63,2). Fürs Einfach-Aufgeben bin ich zu leidenschaftlich. Ich lasse Gott nicht los. Aber ich ringe mit ihm – vielleicht wie Jakob am Jabbok (1. Mose 32,23-33). Wenn Gott schon regelmäßig meine kleinen Parkplatz-Gebete erhört, warum dann nicht auch die großen Fragen und Themen? »Was ist eigentlich los, Gott? Ist dir die Kontrolle entglitten?«

Okay, genug geklagt! »Jesus Christus ist gestern, heute und in Ewigkeit derselbe«, lese ich im Hebräerbrief (Hebräer 13,8). Und das stimmt. Aber mein Verstand kommt manchmal nicht mit. Zu gerne würde ich Gott gegenübersitzen und mit ihm sprechen – von Mann zu Mann. Die Liste meiner Fragen ist lang!

MIT GOTT RINGEN

Mit etwas Abstand wird mir nach einer erneuten Erfahrung des Ringens deutlich: Ich suche meist gar nicht nach der Antwort auf meine Warum-Fragen im Kopf. Vielmehr sehnt sich mein Herz nach der Begegnung mit dem lebendigen Gott. »Gott, du bist mein Gott; dich suche ich von ganzem Herzen. Meine Seele dürstet nach dir.« Ihn suche ich, ihn sucht meine Seele – gerade dann, wenn der Glaubenstank wieder mal auf Reserve läuft. Die Verheißung, dass wir Gottes Handeln komplett verstehen werden, haben wir nicht – aber die Gewissheit, dass er bei uns ist an jedem Tag unseres Lebens. Ringen mit Gott, das ist Kampf, aber wer ringt, der ist dem anderen, also Gott, ganz nah – und das genügt.

HANDGRIFFE & LEITERSPROSSEN

NACHDENKEN

- Wo hast du Gottes Wirken (zuletzt) in deinem Leben erfahren?

- Liebst du Gott oder vor allem seine Segnungen?

- Welche Frage würdest du Gott gern mal face to face stellen?

ENERGIERIEGEL & WASSERFLASCHE

WEITERLESEN

»Wenn Gott kein Licht ins Dunkel bringt«[7] von Craig Groeschel oder »Gott im Leid begegnen«[8] von Timothy Keller

ANDREAS SCHMIERER

»ICH – AUSGEBRANNT?
JEMAND, DER PLÖTZLICH
SELBST HILFE DRINGEND
NÖTIG HATTE?«

Bibelstelle: Psalm 71,3

Wie feiner Saharasand breitet sich der Kakao auf unserem Esstisch aus. Die Dose ist mir gerade beim Tischabräumen aus der Hand gefallen. Das ist normalerweise eigentlich kein Problem. Nicht so an diesem Morgen. Tränen laufen mir übers Gesicht. Warum, weiß ich in diesem Moment selbst nicht genau.

Es war der Anfang vom Ende, auch wenn ich es noch nicht ganz wahrhaben wollte. Dieses Erlebnis zeigte mir aber, dass etwas außer Kontrolle geraten war.

GESTRANDET IM TAL DER TRÄNEN

Ich war ausgebrannt, erschöpft und müde von den Erwartungen, Konflikten und dem Gefühl, alles allein tragen zu müssen. Ein guter Freund öffnete mir die Augen und riet mir, mich krankschreiben zu lassen ... was ich auch tat. Es sollten am Ende über vierzehn Wochen werden, die ich zu Hause verbrachte. Das fiel mir nicht leicht: Was ich Klienten als Coach geraten habe, sollte jetzt für mich gelten? Ich – ausgebrannt? Jemand, der plötzlich selbst Hilfe dringend nötig hatte? Ich fühlte mich gescheitert als Pastor und Coach – hatte aber auch keine Kraft mehr, gegen das Scheitern anzukämpfen. Vonseiten der Gemeinde gab es wenig Verständnis für meine Situation, kaum Unterstützung. So blieb mir nur der Gang zum Hausarzt. Ich wurde aus dem Verkehr gezogen. Es wurde still und einsam um mich, zuweilen auch erdrückend. Manchmal fühlte es sich an wie der freie Fall an der Kletterwand – wo ist der nächste Sicherungshaken?

Neben der liebevollen und verständnisvollen Unterstützung meiner Frau, einer Auszeit an der Nordsee und einer wertvollen Psychotherapie gab es einen entscheidenden Rettungsanker in dieser Zeit. Ich glaube, kein anderes Lied habe ich öfter gehört als dieses: »A Mighty Fortress« von Christy Nockels.

Gefühlt waren es mindestens tausend Mal. Mal ganz leise oder mit voller Lautstärke.

A mighty fortress is our God
A sacred refuge is your name
Your kingdom is unshakable
And with you forever we will reign[9]

Eine mächtige Burg ist unser Gott,
Eine heilige Zuflucht dein Name.
Nichts kann dein Königreich ins Wanken bringen
Und ewig werden wir mit dir regieren.[10]

Das Lied verwendet Bilder für Gott, wie wir sie zum Beispiel in diesem Psalm finden: »Sei mir wie ein schützender Fels, zu dem ich immer fliehen kann, denn du hast zugesagt, mir zu helfen. Du bist mein Fels und meine Burg« (Psalm 71,3).

EIN FELS IN DER BRANDUNG DES LEBENS

Es brauchte nicht mehr und auch nicht weniger, aber daran habe ich mich festgehalten. Dieses Lied wurde mir zum Halt, zum Anker, zum Sicherungsseil, zum Hoffnungsmacher und immer wieder zu einer sicheren Burg und meinem ganz persönlichen Zufluchtsort, in dem ich Gottes Gehaltensein in der Tiefe erlebt habe. Dieses Lied hat mich immer wieder berührt, abgeholt, getröstet, mir Sicherheit und Halt gegeben. Große geistliche Höhenflüge gab es in dieser Zeit nicht, aber immer und immer wieder dieses Lied – das war alles. Bis heute höre ich es immer mal wieder an und es erinnert mich an meine größte persönliche Krise, aber vor allem an den Trost, den ich in diesem Lied und letzten Endes in Gott gefunden habe.

HANDGRIFFE & LEITERSPROSSEN

NACHDENKEN

- Gibt es auch in deinem Leben einen Vers, ein schlaues Zitat, ein Lied oder einen anderen Text, der für dich immer wieder zu einer sicheren Zuflucht wird, in dem du dich abgeholt und aufgehoben, aber vor allem sicher und gehalten weißt?

- Mit welcher Gefühlslage blickst du heute auf den Vers, der dich getragen hat?

ENERGIERIEGEL & WASSERFLASCHE

ANHÖREN

Gib dir das Lied auf die Ohren und lass dich für deinen Alltag ermutigen: »A Mighty Fortress« von Christy Nockels. www.youtube.com/watch?v=6h3Z-JXKK44

THOMAS SACKMANN

15. UNGESCHÖNTE EHRLICHKEIT

»WIE GEHST DU MIT DEINEN RACHEGELÜSTEN UM?«

Bibelstelle: Psalm 109,6

In den 150 Psalmen findet sich neben Mut machenden Lob-, Dank- und Trostpsalmen sowie berührenden Klagepsalmen auch das Schrecklichste und Dunkelste, was die Bibel zu bieten hat: die sogenannten Rache- und Fluchpsalmen wie beispielsweise Psalm 58, 83, 129. Dazu gehört auch der Satz »O Herr, lass einen Ankläger gegen meinen Feind auftreten, der so ungerecht und gewissenlos ist wie er selbst« aus Psalm 109,6 (HFA). Die Bibel kennt also auch Gebete, die an Gehässigkeit und sadistischen Verwünschungen kaum zu überbieten sind und dem Feind Tod, Rache, Leid und Grausamkeit an den Hals wünschen. Statt vorschnell diese Psalmen zu ignorieren, lohnt es sich, sie genauer anzuschauen, denn sie stehen aus guten Gründen in der Bibel.

RAUSLASSEN STATT WEGATMEN

Mir gefällt die ungeschönte Ehrlichkeit, mit der diese Beter zu Gott sprechen. Sie sind zornig, verärgert, voller Hass und Selbstmitleid und benennen ihren Groll offen und ehrlich gegenüber Gott. Trauen wir uns heutzutage noch, so mit Gott zu reden? Ungeschönt, voller Frust und Zorn? Gott kennt uns durch und durch und ihm brauchen bzw. können wir sowieso nichts vormachen, deshalb sei auch du gerade Gott gegenüber offen und ehrlich.

Gleichzeitig hat es therapeutische Wirkung, wenn wir unseren Zorn und Hass Gott entgegenschreien. Denn wie gehst du mit deinen Rachegelüsten um? Du kannst diese dunklen Gefühle unterdrücken – und brauchst dich dann nicht zu wundern, wenn du früher oder später ein Magengeschwür bekommst. Oder du reichst deinem Feind versöhnungsbereit die Hand. Doch das ist in den seltensten Fällen eine realistische oder erfolgreiche Option. Du kannst auch deiner Wut und dem Hass nachgeben und Rache üben, was aber meist zur Eskalation führt, weil man damit oft eine Spirale der Gewalt in Gang setzt und die Rache wie ein Bumerang zurückkommt. Viele Menschen tun im Zorn etwas Dummes, das sie später bereuen und oft teuer bezahlen. Oder du suchst – was viele Therapeuten und Psychologen empfehlen – ein Ventil für die Wut in dir. Glückwunsch, wenn du Zorn und Groll wegatmen oder wegmeditieren kannst, aber viele Menschen lassen die Luft raus, indem sie ein Ballerspiel zocken, im Wald laut schreien, eine Tür eintreten oder ein Kissen aufschlitzen.

Die beste Lösung: Du gehst mit deinem Hass, Groll und der Wut zu Gott und äußerst sie in aller Offenheit, Ehrlichkeit und Direktheit – und dabei verändert sich etwas.

VERWANDELT UND ABGELÖST

So auch im Psalm 109. Der Zorn, die Rachegedanken und das Selbstmitleid sind immer noch präsent, aber plötzlich gewinnt Gott mehr und mehr Raum. Der Betende merkt, dass er in seinem Groll nicht mehr allein ist. Gott ist bei ihm, und das verwandelt die negativen Gefühle, die nun von Trost, Zuversicht und Hoffnung abgelöst werden.

Ich habe erlebt, dass Gott auch in unseren dunkelsten Gefühlen und Gedanken heilsam wirken kann, wenn wir ihm die Möglichkeit dazu geben, und das ist hilfreicher als eine Strafanzeige, ein aufgeschlitztes Kissen oder gar eine gebrochene Fußzehe, weil man voller Zorn eine Tür zertreten hat.

HANDGRIFFE & LEITERSPROSSEN

MACHEN

Vielleicht findest du die folgende Aufgabe etwas komisch oder sogar albern, aber du kannst dabei ja nichts verlieren! Nimm sie einfach als therapeutische Übung und probiere es mal aus:

- Schreibe dir von der Seele, wem gegenüber du Zorn und Hass empfindest, und formuliere dann einen Fluch- und Rachepsalm, beginnend mit den Worten: »Gott, dieser Mensch …« Packe deinen Hass, deine Wut, deine Gedanken in deinen Psalm.

- Überlege dir im Anschluss, was Gott will, wie er heilsam wirken kann und ob Rache wirklich die einzige Lösung ist. Schreibe dann deinen Psalm weiter und gib nun im Schreiben Gott und seinem Wirken Raum.

ENERGIERIEGEL & WASSERFLASCHE

VERINNERLICHEN

Mahatma Gandhi prägte den bedenkenswerten Satz »Auge um Auge wird nur die ganze Welt blind machen«.

ANSCHAUEN

Sieh dir der Film »Falling Down – Ein ganz normaler Tag«[11] mit dem zweifachen Oscar-Preisträger Michael Douglas an, der unterhaltsam zeigt, wohin aufgestaute Wut und Zorn führen.

KARSTEN BÖHM

»WEIL FLUCHT KEINE ALTERNATIVE IST, GILT ES, TRÄNEN ZU AKZEPTIEREN.«

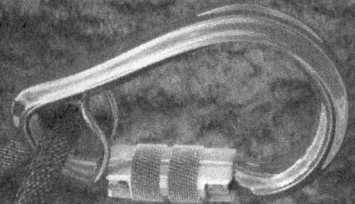

Bibelstelle: Psalm 126,5

Tränen – das ist doch nichts für Christen. Schon gar nicht für Männer! Wir haben Gott und sind stark. Was kann uns da noch passieren? – Meine Realität sieht anders aus: Als Mitarbeiter eines Hilfswerks werde ich konfrontiert mit Tränen des Leids und der Ungerechtigkeit. Als Familienvater weine ich um meinen Sohn, der bei einem Unfall tragisch ums Leben kam. Als Christ vergieße ich Tränen der Reue, weil ich doch nicht so heilig bin, wie ich gern sein möchte. Als Mensch bin ich niedergeschlagen, weil man mich nicht versteht und mich mit Worten und Taten verletzt. In solchen Krisen frage ich mich: Wo ist Gott? Weshalb lässt er Tränen zu? Lässt er uns manchmal doch im Stich?

DEN SCHMERZ FLIESSEN LASSEN

Dann lese ich diesen Bibelvers: »Die mit Tränen säen, werden mit Freuden ernten« (Psalm 126,5; LUT). Ich entdecke: Tränen gehören dazu! Sie sind Bestandteil der Christusnachfolge. Ich bin in allerbester Gesellschaft mit meinen biblischen Glaubenshelden (Josef, Mose, David, Hiob ...), die kämpften, die strauchelten, die weinten und die Wüstenzeiten durchlebten. Solche Momente sind unangenehm. Wir suchen sie nicht. Stattdessen bringen sie uns aus dem Gleichgewicht und erschüttern unser Fundament. Am liebsten würden wir fliehen, davonrennen, aufgeben.

Weil aber Flucht keine Alternative ist, gilt es, diese Tränen zu akzeptieren und zu bejahen, denn: Krisenzeiten sind auch Segenszeiten. Sie führen uns schmerzlich vor Augen, dass wir noch nicht am Ziel im Himmel angekommen sind. Stattdessen leben wir hier auf Erden, und dieses Leben ist alles andere als vollkommen. Diese Erkenntnis ist wichtig. In der Krise kann und will Gott mir begegnen und mich liebevoll aufrichten. In mir regt sich eine tiefe Sehnsucht nach Gottes Vollkommenheit oder, anders ausgedrückt: Die empfundene Leere und der erlittene Schmerz treiben mich vertrauensvoll in Gottes Arme. Bei ihm kann ich zur Ruhe kommen, weil er mich an die Hand nimmt und das dunkle Tal mit mir durchschreitet. Doch es ist ein steiniger Weg, einer mit Rückschlägen.

Als mein Sohn starb, musste ich diesen Weg gehen. Auch wenn ich noch nicht am Ende dieses Pfades angelangt bin, habe ich erfahren: Gott ist gerade inmitten der Krise besonders spürbar. Aus heiterhellem Himmel schickte Gott mir einmal Zeichen seiner Liebe, ein anderes Mal berührte er mich mit einem Song oder einem Bibelvers, dann wieder gebrauchte er Menschen, die mich trösteten. Im Leid und unter Tränen habe ich erfahren: Ich bin nie allein.

TRÄNEN SIND VORBOTEN DER FREUDE

Diese Erfahrung hat in mir Spuren hinterlassen. Ich sehe mein Leben realistisch und nicht idealistisch. Ich werde gelassen, weil Gott mich nicht im Stich lässt. Ich erhalte neue Autorität für meine Aufgaben hier auf Erden, weil sich mein Glaube im Leid bewährt hat, und ich schaue zuversichtlich nach vorne, weil ich weiß: Auf die Tränen folgt die Freude. Nicht die Tränen haben das letzte Wort. Nein, es wird die Freude sein.

HANDGRIFFE & LEITERSPROSSEN

NACHDENKEN

- Welche Krisen und Wüstenzeiten kennst du in deinem Leben?

- Wie haben dich diese Zeiten verändert?

- Suchst du in der Krise Gott und seine Nähe?
  Was hindert dich möglicherweise daran?

ENERGIERIEGEL & WASSERFLASCHE

ANHÖREN

Nimm dir eine Viertelstunde Zeit, mach es dir in einem Sessel bequem und höre dir das zwölfminütige Mini-Oratorium »The God who sees« von Kathie Lee Gifford und Nicole C. Mullen in aller Ruhe an: www.youtube.com/watch?v=sz81dlfwf4Y

HERBERT GEISER

»ES BRAUCHTE EIN HALBES MENSCHENLEBEN, VIELE IRR- UND UMWEGE, UM DIE WEISHEIT DIESER WORTE ZU ERKENNEN.«

Bibelstelle: Psalm 143,10

Mein Konfirmationsspruch lautete: »Lehre mich tun nach deinem Wohlgefallen, denn du bist mein Gott; dein guter Geist führe mich auf ebner Bahn« (Psalm 143,10; LUT). Ich habe ihn gehasst! Sperrig wie ein herabgestürzter Felsbrocken lag er da am Anfang meines jugendlichen Wegs ins Leben. Wo mir doch Autonomie attraktiver erschien, als anderen zu gefallen!

VERDUNKELT

Der 23. Psalm hatte mich als Nachtgebet durch eine behütete Kindheit begleitet; ihn hatte ich immer gemocht, obwohl auch er von Gottes Führung sprach. Doch meinen Konfirmationsspruch mochte ich so gar nicht leiden: Er vermittelte mir eine unangenehme Enge. Die Enge mancher »ausgesetzter« Pfade am Berg, also besonders gefährlicher Wege – gerade mal 60 Zentimeter breit, links die Wand, rechts der Abgrund. Wo nur ein Stahlseil Sicherheit schenkt, während das Herz trotzdem in die Hose rutscht angesichts der Tiefe, an deren Rand man sich bewegt. Es war das Gefühl von Enge, das bei mir in Bezug auf meinen Konfirmationsspruch überwog. Enge. Enge und Angst. Angst weniger vor dem Absturz, sondern eher davor, sich vom »Wohlgefallen« eines anderen gängeln zu lassen. Ein solches Wort mitten in der Pubertät zu hören, wo mir der Sinn mehr nach Entfaltung stand – mir sträubten sich innerlich die Nackenhaare.

In der Jugend wie am Fuß eines Berges stehen einem viele Wege offen. Manchmal ist noch nicht einmal klar, welcher Gipfel erklommen werden soll. Diese Wahlfreiheit schien so gar nicht zu einem vorauseilenden Gehorsam zu passen, der nach dem Wohlgefallen eines Lehrers fragt, und sei dieser auch Gott selbst. So kamen meine Seele und mein Geist gar nicht bei der Bitte an: »Dein guter Geist führe mich auf ebner Bahn.« Es brauchte ein halbes Menschenleben, viele Irr- und Umwege, um die Weisheit dieser Worte zu erkennen und mit ihnen Freundschaft zu schließen. Es brauchte Krise, Wandel und die Erschütterung meines Gottesbildes, dessen ich mir gar nicht recht bewusst gewesen war.

Fremd war mir die Vorstellung, Gott könne an meinem Sosein »Wohlgefallen« finden, daran, zuzuschauen, wie ich meine Kraft, meine Stärken und Talente entdecken würde; könne Freude haben an meiner Entfaltung und dem Vorankommen auf einem mir gemäßen Weg. Fremd war mir ein Gott, der einfach dafür sorgen wollte, dass ich diesen Weg trittsicher gehen kann. Auf festem Grund, ohne Steine und Brocken, die den Füßen den Halt verweigern. Dass ich leicht und eben voranschreiten kann, nicht auf einem prekären engen und schrägen Untergrund, der Sicherheit und Kraft zugleich raubt.

ERHELLT

Rund 45 Jahre später aber lichtet sich der Nebel, der das wärmende Licht der Menschenfreundlichkeit Gottes so lange umwölkt hat. Momente großer Freude sind das dann, wenn ich merke, dass ich auf einem guten Weg bin oder nach einem Irrweg den richtigen wiederfinde. Wenn ich spüren darf, dass ich nicht allein bin auf meinem Weg, ihn mir nicht allein suchen und bahnen muss. Wenn ich von Gottes Geist wie von einem kundigen »Reiseführer« lernen darf, wo die ebenen Wege entlanggehen. Wenn ich spüre, wie Gott bei mir ist: mit seinem Ja zu mir, meinen Wegen und unserem gemeinsamen Ziel.

HANDGRIFFE & LEITERSPROSSEN

NACHDENKEN

- Welche Bilder lassen die Worte »lehren« und »Wohlgefallen« bei dir aufkommen?

- Wie hört sich für dich der Zuspruch an, von einem »guten Geist« geführt zu werden?

- Wie sehr kannst auch du das Ja Gottes zu dir und deinem Weg spüren?

ENERGIERIEGEL & WASSERFLASCHE

ANHÖREN

Das Lied »Put your Hand in the Hand« macht Mut, sich auf Gottes Führung einzulassen:
www.youtube.com/watch?v=drhltlgzd3c

MICHAEL STIEF

»ICH KANN MEINEM SOHN ALS VATER UND FREUND ZUR SEITE STEHEN.«

Bibelstelle: Sprüche 15,22

»Ohne Ratgeber sind Pläne zum Scheitern verurteilt; aber wo man gemeinsam überlegt, hat man Erfolg«, heißt es in den Sprüchen (Sprüche 15,22; HFA). Für manchen Mann ist das eine echte Herausforderung: Rat zu brauchen, Hilfe zu suchen, es nicht allein zu schaffen. Aber ist das eine gesunde und zutreffende Vorstellung von Männlichkeit?

ALLEINSAM

»Darf ich Papa wirklich alles erzählen? Sagt Papa mir das nur, damit ich ihm alles anvertraue, oder meint er es wirklich so – dass man das darf? Ich will doch nicht als schwacher Junge dastehen, der seine Dinge nicht selbst regeln kann!«, marterte sich mein Sohn in Gedanken. Doch dann offenbarte er sich mir in seiner Not. Alles brach aus ihm heraus.

Sein Anteilgeben katapultierte mich in meine jugendliche Vergangenheit zurück. Ich fühlte mich plötzlich schmerzlich erinnert. Alte Verletzungen standen mir auf einmal wieder lebendig vor Augen. »Du Weichei, warum heulst du schon wieder? Dafür drücke ich meine Zigarette auf deiner Hand aus!«

Tränen schossen mir in die Augen. Es war für mich schlimm, als Vater mitzuerleben, dass meinem Sohn Ähnliches passierte. Ihm wurde von einem Kind ohne Vorwarnung ins Gesicht geschlagen, mit Worten und Taten in den darauffolgenden Tagen immer wieder Schlimmes angetan. Und ich? Fühlte mich im ersten Moment extrem hilf- und machtlos. Doch dann wuchs mir von Gott her Mut zu. Ich wusste, ich muss für meinen Sohn einstehen, mich vor ihn stellen.

Mein Sohn ist kein Weichei, auch wenn ich für ihn Position beziehe, für ihn kämpfe und spreche. Ich legte meinen Arm um ihn, sprach ihm Mut zu, sagte, dass wir das gemeinsam schaffen. Ich schrieb eine E-Mail an den Lehrer, vereinbarte ein Gespräch mit ihm und brachte Licht ins Dunkel meines Sohnes.

Durch meine eigene Geschichte habe ich vieles gelernt, bin heute ein kommunikativer, einfühlsamer Mann, stehe meinem Jungen in vielerlei Hinsicht als Ratgeber zur Seite. Er kann, was ich in seinem Alter noch nicht konnte: über seine Gefühle sprechen, ihnen Worte verleihen. Ich hingegen habe mich in seinem Alter verschlossen, die Dinge mit mir selbst ausgemacht, meinen Kummer und meine Nöte in mich hineingefressen. Doch meine kindliche Hilflosigkeit hat sich in eine erlöste Männlichkeit verwandelt. Ich kann meinem Sohn als Vater und Freund zur Seite stehen.

HANDGRIFFE & LEITERSPROSSEN

NACHDENKEN

- Wo musst du aktiv werden und nicht in deiner scheinbaren Machtlosigkeit verharren?

- Wie war dein Vater? Hat er sich vor dich gestellt? War dein Vater dein Vertrauter? Was kannst du in dieser Hinsicht von seinem Verhalten lernen?

- Inwiefern bist du deinen Kindern ein Vertrauter?

ENERGIERIEGEL & WASSERFLASCHE

ANSCHAUEN
»The King's Speech – Die Rede des Königs«[12] – vom gemobbten und stotternden Mann zum beeindruckenden König!

MACHEN
Eine gute Anlaufstelle, wenn du Hilfe brauchst, findest du hier: www.team-f.de/beratung/beratungsfinder/

MANUEL LACHMANN

19. ROLE MODEL

»ER LEHRT MICH WARTEN, GEDULD HABEN, ACHTSAM SEIN, AUSDAUER, EHRLICHKEIT.«

Bibelstelle: Sprüche 27,17

Ich bin unterwegs mit dem Fahrrad zur Arbeit. Hinter mir brummt es. Das Geräusch kenne ich. Es ist der vertraute Sound meiner Kindheit: Eine Simson überholt mich. Ein Gefühl von Wärme, Heimat und Freundschaft steigt in mir auf ...

AUFGEREGT VORM ERSTEN MAL

Mein grüner Angelausweis Nr. 428870, Ortsgruppe Riesa-West. Schmunzelnd halte ich ihn in der Hand. Ich sehe einen Elfjährigen auf einem Motorroller. Hausmeister Hesse steuert die Schwalbe nach Röderau. Ich sitze hinter ihm, klammere mich an ihm fest. Auf dem Rücken: meine Angelausrüstung. Wir wollen zum Nacht-Angeln in die Kiesgrube. Mein erstes Mal. Ich bin aufgeregt.

Hausmeister Hesse: grauer Kittel, dicke Hornbrille, ein verschmitztes Lächeln. Die Gelassenheit in Person. Immer ein Mut machendes Wort auf den Lippen. In den großen Pausen besuche ich ihn in seinem kleinen Büro voller BFC-Wimpel neben der Eingangstür der Schule. Wie wir zueinanderfanden? Ich weiß es nicht. Vermutlich war er Kunde in der Schlosserei meines Großvaters. »Na, mei Guhdsdr«, sächselt er, steckt mir im nächsten Moment eine von der Schulspeisung abgezweigte Rarität, eine Extra-Banane, zu oder lädt mich zu einer übrig gebliebenen Kakao-Milch ein. Samstags streife ich mit ihm vom Heizungskeller bis hoch in den Turm der Schule. Ich halte den Atem an, wenn er mit dem Luftgewehr aus der Dachluke auf Tauben zielt, die dann bei ihm zu Hause in der Pfanne landen.

Nun sind wir also gemeinsam beim Angelausflug. Die Plätze werden ausgelost. Hausmeister Hesse sitzt »zufällig« einen Platz weiter. Er berät mich, wie ich den richtigen Haken wähle und das Grundblei montiere. Er hilft mir, den Wurm aufzuspießen, den Köder an der richtigen Stelle zu versenken. Und er lehrt mich warten, Geduld haben, achtsam sein, Ausdauer, die Ehrlichkeit, Fische, die das Mindestmaß noch nicht haben, sorgsam zurückzusetzen. »Petri Heil!«, flüstert er mir zu.

Die Nacht wird lang und länger. Mich fröstelt. Mir fallen die Augen zu. Ich krieche in den Schlafsack. Dann leuchtet plötzlich eine Taschenlampe. Hausmeister Hesse rüttelt mich sanft wach: »Rüdiger, deine Angel!« Das Glöckchen klingelt, die Rute biegt sich. Ich bin hellwach. Wenige Minuten später zappelt er im Kescher: mein erster Aal, drei Zentimeter über Mindestmaß.

UNSPEKTAKULÄR UND UNEITEL

Ich bin unterwegs mit dem Fahrrad zur Arbeit. Hinter mir brummt es. Das Geräusch kenne ich. Der vertraute Sound meiner Kindheit zaubert mir ein Lächeln aufs Gesicht. »Danke, Hausmeister Hesse!«, flüstere ich dem Morgenrot des Himmels entgegen. Er hielt einen Chaoten wie mich aus. Er lebte unspektakulär und ganz uneitel aus, was in Sprüche 27,17 empfohlen wird: »Ein Messer wetzt das andre und ein Mann den andern!« (LUT).

HANDGRIFFE & LEITERSPROSSEN

NACHDENKEN

· Wer hat dich geschliffen, sodass du zu dem geworden bist, der du bist? Sage ihm, wenn noch möglich, doch einmal Danke durch ein paar Zeilen.

· Wen kannst du »wetzen« oder, im Bild des Bergsteigers gesprochen, coachen, damit er die steilen Aufstiege des Lebens zukünftig leichter meistert?

ENERGIERIEGEL & WASSERFLASCHE

ANSCHAUEN

»Gran Torino«[13] von und mit Clint Eastwood. Der verbitterte Rentner Walt Kowalski traut niemandem. Er findet sich damit ab, den Rest seines Lebens einfach auszusitzen. Doch eines Nachts versucht der Nachbarsjunge Thao, im Rahmen eines Initiationsritus einer Gang seinen 1972er Gran Torino zu klauen. Walt verhindert nicht nur den Diebstahl, sondern auch die Übergriffe der Gang – wider Willen ist er plötzlich der Held des Viertels. Eine ungewöhnliche Freundschaft entsteht zwischen dem Rentner Walt und dem Nachbarsjungen Thao.

VERINNERLICHEN

»Werte können wir nicht lehren – Werte müssen wir leben« (Viktor Frankl, österreichischer Psychiater und Autor).[14]

RÜDIGER JOPE

»DAS WACHSTUM LÄSST SICH NICHT BESCHLEUNIGEN, INDEM MAN AN DEN GRASHALMEN ZIEHT.«

Bibelstelle: Prediger 3,1

Im schulischen Lockdown suchte ich für den wissbegierigen Viertkläss-
ler neben mir am Schreibtisch fieberhaft nach Beschäftigungsmöglich-
keiten. Auf der Kinderseite der Tageszeitung entdeckten wir das Cham-
pignonzuchtprojekt …

STRAHLENDE AUGEN

Papa klemmte sich dahinter. Wenige Tage später stand eine Kiste vor
unserer Tür. Die Augen des Sohnemanns strahlten. Gemeinsam machten wir uns dran: Wir lasen uns in die Anleitung ein, setzten die Pilzbrut
mit Wasser und Erde im »dunklen, maximal 15 bis 18 Grad warmen«
Keller an. Und siehe da, drei Wochen später ernteten wir die ersten zwei
Kilogramm Champignons, servierten diese Mama und Schwester, bas-
telten daraus eine Story fürs Kindermagazin KLÄX.

Dann kam der Urlaub. Die Nachbarin übernahm Aufsicht und Pfle-
ge. Sie machte nichts anders als wir, erntete aber statt alle zehn Tage
einen Korb voll einen Pilz in drei Wochen. Drei Wochen nach dem Urlaub gähnte es aus der Kiste immer noch wüst und leer. Allein lebendig
wurde durch sie ein dicker Schwarm Obstfliegen, der sich zum Verdruss
meiner Frau über die familiären Obstvorräte hermachte.

Immer kleinlauter verteidigte ich unsere »grandiose« Zucht. Eine Woche später opferte ich die Leerstelle zugunsten des ehelichen Friedens.
Doch ich brachte es nicht übers Herz: Auf dem Weg zum Kompost bog
ich ab in die Gartenhütte. Der Standort war laut Anleitung eigentlich zu
hell, zu warm, zu trocken. Egal. Ich harkte noch mal alles durch, goss
den Humus und ließ die Tür hinter mir zufallen.

Drei Septemberwochen später wucherte das Grün im Garten. »Ups,
du solltest dringend mal den Rasenmäher bewegen!« Ich öffnete die
Gartenhütte. Ähm! Wow! Mein ungläubiger Blick konnte sich kaum noch
von der vergessenen Pilzkiste lösen. Ein großer Champignon drückte
sich an den nächsten fetten Champignon. Die Pilze platzten förmlich
aus der Kiste. Ich holte ein Sieb, ein zweites, noch ein drittes. Die Nachbarin bekam große Augen, als ich die vergessene, aussortierte, ausran-
gierte, abservierte Zucht mit ihr teilte.

Diese Gartenentdeckung lehrt(e) mich in unserer schnelllebigen Zeit, was schon ein afrikanisches Sprichwort sagt: Das Wachstum lässt sich nicht beschleunigen, indem man an den Grashalmen zieht. Manchmal ist es gut, Dinge ruhen zu lassen, zu vergessen, beiseitezuräumen. Manchmal ist es für den Beziehungsfrieden gut, nachzugeben, die zerstörende Obstfliegenzucht im Dunkeln ans Licht und in die Trockenheit zu bringen. Manchmal wird aus einer Sache etwas, obwohl die klimatischen Bedingungen alles andere als ideal sind und nicht der Gebrauchsanweisung entsprechen. Manchmal ist es gut, einfach mal die Hände in den Schoß zu legen und sich dann von Gottes Humor, von seinem Machen, von der Natur überraschen zu lassen und dabei zu erleben: »Ein jegliches hat seine Zeit, und alles Vorhaben unter dem Himmel hat seine Stunde« (Prediger 3,1; LUT).

HANDGRIFFE & LEITERSPROSSEN

BETEN

Bete mit Worten von Jeremias Gotthelf: »Herr, unser Gott, du hast unzählig stille Wege, auf denen du möglich machst, was unmöglich scheint. Gestern war noch nichts sichtbar. Heute nicht viel, aber morgen steht es vollendet da, und nun erst gewahren wir rückblickend, wie du unmerklich schufst, was wir unter großem Lärm nicht zustande gebracht haben.«

ENERGIERIEGEL & WASSERFLASCHE

MACHEN

Pilzzucht – probiere es selbst einmal aus! Als Anbauprodukt kannst du neben leckeren Champignons die geistliche Disziplin des Wartens ernten: www.pilzbrut.de/champignon-weiss

RÜDIGER JOPE

»NICHT IMMER MUSS MAN ALLES MITMACHEN.«

Bibelstelle: Jesaja 40,31

Mein Kopf lehnt an der Hütte. Meine Augen sind geschlossen. Ich spüre das raue Holz der Sitzbank an meinen Händen. Aber vor allem spüre ich meine Füße. Es ist eine Wohltat, die Wanderschuhe auszuziehen und das Pulsieren der Fußsohlen zu fühlen. Im Hintergrund läuten die Glocken der Kühe auf der Weide. Gemütlich futtern die Tiere das saftige Gras. Ich bin allein.

AUF DER BANK STATT IM HANG

Dennoch höre ich im Kopf die Stimmen der Männer, die mir vor ein paar Stunden gesagt haben: »Du schaffst das … nur noch um diese Ecke … nur noch über diese Bergspitze … gleich bist du da.« Ist klar. Natürlich. Aber diese Aussagen sind besser als der eine Kommentar: »Du hast fast die Hälfte geschafft!« Die Hälfte? Die Muskeln, die Füße und den Rücken habe ich schon an der letzten Biegung nicht mehr gespürt. – Jetzt habe ich es geschafft. Ein Lächeln huscht über mein Gesicht. Doch ich bin allein. Warum? Nachdem wir von der Klettertour zurückgekommen waren, wollten wir auf den nächsten Gipfel hoch. Ich habe mit mir gerungen. Sag ich, dass ich hierbleibe? Gebe ich mir die Blöße? Oder »mache ich einen auf stark« und gehe mit? Die Antwort kennst du. Jetzt sitze ich hier in der Sonne, es kribbelt von den Füßen bis zum Kopf.

Ein Bibelvers aus Jesaja schießt mir in den Kopf: »Aber alle, die auf den Herrn hoffen, bekommen neue Kraft. Sie fliegen dahin wie Adler. Sie rennen und werden nicht matt, sie laufen und werden nicht müde« (Jesaja 40,31; BB). Dieser Vers begleitet mich schon ein paar Jahre. Es ist wichtig zu wissen, dass dort nicht steht, dass man immer Kraft hat, wenn man auf den Herrn hofft. Es gibt Zeiten, in denen muss ich auftanken, innehalten, eine Atempause machen, einen Schritt zurücktreten und mich von Gott beschenken lassen. Ich spüre, dass ich gerade hier auf dieser Bank neue Kraft bekomme. Und doch höre ich innerlich schon wieder den Gedanken und den Vorwurf an mich, warum ich nicht auf die nächste Tour mitgegangen bin. Verpasse ich was? – Stopp! Gerade tanke ich doch auf! Ich darf das jetzt. Ich darf aussetzen.

Der Blick schweift über die Berge, Nebelschwaden ziehen auf, es wird merklich kühler, Schneeregen geht nieder. Wieder kraftvoller überlege ich mir, was ich für die Männer tun kann, wenn sie zurück zur Hütte kommen. Wärme tut gut, also feuere ich den Ofen an. Schnaufend und schleppend kommen die Wanderer wieder zurück. Die Stimmung hebt sich: Alle schlüpfen raus aus den feuchten Klamotten und sind dankbar für die warme Hütte. Ich bekomme mit, dass der Rückweg nicht so dolle war – die Steine glitschig, der Hang sehr steil. Ich muss ein bisschen schmunzeln. Nicht immer muss man alles mitmachen. Manchmal darf man sich auch rausnehmen, in die Sonne setzen, auftanken, durchschnaufen.

HANDGRIFFE & LEITERSPROSSEN

MACHEN
Probiere diesen Monat aus, dich mal rauszunehmen.
Das geht natürlich nicht überall und immer. Aber
gerade da, wo du spürst, dass es dran ist. Und nutze
diese frei gewordene Zeit, um zu genießen.

ENERGIERIEGEL & WASSERFLASCHE

VERINNERLICHEN
»Die gute Nachricht ist: Du kannst nicht alles machen« (John Mark Comer).[15]

WEITERLESEN
»Das Ende der Rastlosigkeit« von John Mark Comer.[16]
Das Buch eignet sich hervorragend, um es zum Beispiel mit anderen Männern zu lesen und sich darüber auszutauschen.

RALPH CLAUSS

»ICH FÜHLTE MICH ZUGLEICH VON FLAMMEN BEDROHT UND VON STRUDELN IN DEPRESSIONEN GEZOGEN.«

Bibelstelle: Jesaja 43,2

Vor mehr als zwanzig Jahren war mein Freund Martin, Pastor in Nairobi, bei uns zu Besuch. Als wir nach einem Gottesdienst bei uns zu Hause ankamen, stiegen wir nicht gleich aus dem Auto, sondern blieben noch ein Weilchen sitzen. In dieser Situation sprach Martin mir diesen Vers aus Jesaja zu: »Wenn du durch Wasser gehst, werde ich bei dir sein. Ströme sollen dich nicht überfluten! Wenn du durch Feuer gehst, wirst du nicht verbrennen; die Flammen werden dich nicht verzehren!« (Jesaja 43,2). Mein Freund wusste nicht, warum, aber es lag ihm auf dem Herzen.

ALLES LÄUFT BLENDEND ...

Nicht zu ertrinken und nicht zu verbrennen, klang damals einfach nett. Unser Leben war auf einem guten Weg. Unsere Tochter war in der christlichen Grundschule, an der meine Frau Lehrerin ist, eingeschult worden, und ich hatte nach mehreren Stellenwechseln einen tollen Job bekommen, der mir hervorragende Perspektiven eröffnete. Wir fühlten uns sauwohl, arbeiteten intensiv in unserer Gemeinde mit und genossen es, mit vielen Freunden unser Leben zu teilen. Von Zeit zu Zeit, besonders, wenn ich im Job besonders viel Stress hatte, tauchte der Vers spontan in meinen Gedanken auf, verschwand dann aber wieder bald.

Ich wurde zum Geschäftsführer berufen, was sich richtig geil anfühlte. Meine Aufgaben wuchsen und ich bekam endlich die Gelegenheit, meinen eigenen Führungsstil zu leben. Privatleben und Gemeinde-Engagement verliefen mal mehr, mal weniger intensiv. Es fühlte sich also so richtig schön christlich an. Ich hatte nie realisiert, dass ich, um intensive geistliche Erfahrungen machen zu können, mich sowohl durch wildes Wasser als auch durch lodernde Flammen kämpfen muss.

Im Sommer 2011 starb dann ziemlich überraschend meine Mutter und nur neun Monate später, kurz nach Ostern 2012, folgte mein Vater nach langen Jahren der Demenz. Wenige Wochen später erlebte ich Bossing vom Feinsten, also Mobbing durch meinen Chef. Nach zwanzig Jahren in der Unternehmensgruppe schmiss ich die Brocken hin und kündigte. Ein junges Logistikunternehmen hatte schon seit Längerem um mich geworben, was sich wirklich klasse anfühlte. So wechselte ich mit fünfzig Jahren noch einmal den Job und nahm eine neue Herausforderung an. Das war aber leider zu viel.

PLÖTZLICH IST »DER WURM DRIN« …

2015 schied ich nach gut drei chaotischen Jahren mit Burn-out aus meinem Beruf aus. Diese drei Jahre und das Burn-out, unter dem ich bis heute leide, waren reißendes Wasser und heißes Feuer zugleich. Burntout, leer und kraftlos zu sein, war nicht das Gefühl, das ich mir von dem Text aus Jesaja versprochen hatte. Ich fühlte mich zugleich von Flammen bedroht und von Strudeln in Depressionen gezogen. Und genau in dieser Zeit erinnerte mich Gott an sein Versprechen. Er begann, mir immer wieder neu zu begegnen und mir neue Orientierung zu geben.

Heute hat der Text für mich eine ganz neue Bedeutung. Wäre ich nicht aus meinem alten Beruf rausgegangen, hätte ich mich nicht Coaching, Supervision, Seelsorge und kreativem Schreiben gewidmet. Darin lebe ich jetzt eine intensivere Beziehung mit Gott. Die Spannung, das zu gestalten und täglich meine Schwäche im anhaltenden Burn-out zu erleben, bleibt eine permanente Herausforderung. Aber ich werde weder absaufen noch verschmoren! Von der Zusage lebe ich. Und ich lebe gut davon!

HANDGRIFFE & LEITERSPROSSEN

NACHDENKEN

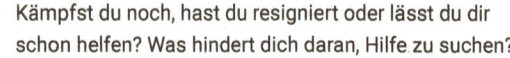

- Na, welche Wellen ziehen an deinen Beinen? Oder brennt dir eher der Kittel? Welche Gründe kannst du dafür ausmachen?

- Kämpfst du noch, hast du resigniert oder lässt du dir schon helfen? Was hindert dich daran, Hilfe zu suchen?

ENERGIERIEGEL & WASSERFLASCHE

MACHEN

Weißt du, was du zur Energiegewinnung brauchst? Hast du das irgendwann schon einmal formuliert? Wenn nicht, ist jetzt ein guter Moment dafür, und wenn du es schon gesagt hast, wiederhole es. Für dich zur Erinnerung, für Gott als Zeichen, dass du ihn in den Blick nimmst. Sag es, ruf es, schrei es. Trau dich!

BETEN

»Hallo Vater! Darf ich Papa zu dir sagen? Mir steht stinkendes Wasser bis zum Hals. Und wenn ich es mal schaffe, den Kopf zu heben, lodern wilde Flammen um mich herum. Ich merke, dass meine Kraft nicht reicht. Ich will mir gerne von dir helfen lassen. Mach mir die Hände frei, damit ich sie dir entgegenstrecken kann. Amen.«

CLAUS WETTLAUFER

23. IM ZWEIFELSFALL BERGAUF!

> »BERGAUF! –
> MEIN INNERER
> OSTFRIESE STÖHNT.«

Bibelstelle: Jesaja 54,10

»Im Zweifelsfall bergauf!«, ruft Henning mir zu und fährt um die Kurve. Es ist kurz nach sechs Uhr am Samstagmorgen, und wir sind mal wieder mit dem Fahrrad auf den Straßen Johannesburgs unterwegs. »Im Zweifelsfall bergauf!«

WAS DER EINE LIEBT ...

Mein innerer Ostfriese stöhnt auf. Als ich nach Johannesburg zog, immerhin 1 753 Meter über dem Meeresspiegel und ziemlich bergig, musste ich mich erst an die Steigungen gewöhnen – und so richtige Freunde sind wir immer noch nicht geworden. Henning hingegen liebt sie. Während er vom Bergauf schwärmt und es ihm nicht steil genug sein kann, habe ich einen leicht anderen Blickwinkel darauf. Denn wer wie ich im Flachland groß geworden ist, hat nicht unbedingt ein ungebrochenes Verhältnis zu Bergen – vor allem, wenn sie im Weg stehen und das Joggen oder Radfahren noch anstrengender machen, als es im südafrikanischen Klima bisweilen ohnehin schon ist.

Henning also mag Steigungen, während sich mein Verhältnis zu ihnen eher mit dem Jesus-Wort »Liebet eure Feinde« beschreiben lässt: Ich akzeptiere, dass sie da sind, fände es aber genauso okay, wären sie flach, also weg. Ostfriesische Pragmatik eben. Denn sie sind und bleiben ja nun mal da. Sie stehen seit Jahrhunderten am selben Platz, starr und unbeweglich. Nur mit Gewalt und Geduld, nur mit Sprengstoff und hartem Gerät lassen sich Schneisen hineinbrechen. Auf die natürliche Erosion zu warten, dauert, gemessen an der Zeit, die wir Menschen zur Verfügung haben, viel zu lange. Ja, Berge stehen fest, und wenn dein Weg dich auf die andere Seite führen soll, musst du wohl drüber, ob zu Fuß oder auf Rädern.

Während ich mich noch bergauf abstrample und in Gedanken die Steigung wegwünsche, kommt mir der Vers aus Jesaja in den Kopf: »Berge können von der Stelle weichen und Hügel ins Wanken geraten. Aber meine Liebe weicht nicht von dir und mein Friedensbund weicht nicht. Das sagt der Herr, der Erbarmen mit dir hat« (Jesaja 54,10; BB). Ja, Berge können sich bewegen – aber nur über lange Zeiträume, und wir merken es nicht, so wenig sichtbare Bewegung ist da. Wenn Berge sich vor unseren Augen schon kaum wegbewegen – um wie viel weniger bewegt sich dann Gottes Liebe von uns weg! Und: Wenn Berge im Weg sind, können sie weggesprengt oder abgeräumt werden – aber Gottes Friedensbund bleibt. Den kriegt keine Gewalt der Welt weg.

DAS LEBEN IST EIN STÄNDIGES BERGAUF UND BERGAB

Im Laufe der Jahrhunderte verändert sich eine Landschaft. Im Laufe eines Lebens verändert sich dein Blick auf Gott. Du merkst es oft kaum, aber alle Erfahrungen prägen, verändern. Leben spielt sich ja selten in der mühelosen Ebene ab. Gott geht mit, bergauf, bergab. »Wenn du zum Startpunkt zurückfährst«, witzelt Henning, »fährst du genauso viele Meter hoch wie runter. Im Schnitt bist du dann also nur Ebene gefahren.« Mathematisch richtig, sachlich falsch, und meine Beine sagen ohnehin etwas anderes! – »Wenn du wieder am Startpunkt ankommst ...« Wo du ankommst, ganz am Ende, das weißt du: in Gottes Liebe, aus der du auch gekommen bist. Und selbst wenn alle Berge und Hügel vergehen: Sie weicht nicht von dir, bis zum Ziel.

HANDGRIFFE & LEITERSPROSSEN

NACHDENKEN

- Welche Steigungen hast du im Leben schon bewältigt – und hast du vielleicht sogar am Ende welche lieb gewonnen? Warum (nicht)?

ENERGIERIEGEL & WASSERFLASCHE

MACHEN

Steige diese Woche irgendwo hinauf.
Und dann halte inne und genieße die Weite!

WILKO HUNGER

»GÄNSEHAUT AM GANZEN KÖRPER UND VERHEULTE AUGEN.«

Bibelstelle: Jeremia 1,7

Vor mehr als zehn Jahren hat mich dieses Bibelwort förmlich in die Knie gezwungen: ›Sag doch nicht, dass du zu jung bist‹, antwortete der Herr. ›Du sollst hingehen, wohin ich dich sende, und sagen, was auch immer ich dir auftragen werde‹ (Jeremia 1,7). Ich dachte immer, dass Berufungen möglichst spektakulär sein müssen. Klar, einen brennenden Dornbusch hätte ich nicht erwartet, aber vielleicht ein kleines Sportflugzeug, dessen Kondensstreifen ein sichtbares »Ja« an den Himmel malen, oder eine Nachricht im Briefkasten.

»DU WIRST MAL ...«

Doch der Reihe nach: Ich wollte nie Pfarrer werden. Es sprach einiges dagegen: zu oft umziehen. Zu viel mit dem Tod zu tun haben. Und noch dazu fühlte ich mich ungeeignet. Zu jung. Zu nah am Wasser gebaut. Doch dann war da mein Klassenlehrer kurz vor der Zeugnisausgabe. Ein Atheist, der nur ein Kreuz kannte: das Rote Kreuz. Und ausgerechnet er war es, der sagte: »Andreas, zu deiner Ordination als Pfarrer komme ich nicht.« Nachdem ich herausgefunden hatte, was das Wort überhaupt bedeutet, konnte ich ihm antworten: »Kein Problem, die wird es auch nicht geben.« Er entgegnete nur: »Du wirst mal Theologie studieren und Pfarrer werden.« Ich ließ ihn reden ...

Ein halbes Jahr später: Ich hatte das Abi in der Tasche. Eine Verkettung unglücklicher Umstände nach einer Routine-Operation gefährdete mein Leben akut – und ich bekam es überraschend neu geschenkt. Was tun? Das geplante Wirtschaftsstudium hatte ich begonnen und nach einem Semester wieder verworfen. In mir: Ungewissheit. Ratlosigkeit. Ich hatte ein Traum-Abi – und keine Ahnung, wie es weitergeht. Vor allem spürte ich: keinen Mut. Kein Vertrauen, dass ich etwas Neues wagen könnte.

Doch der Gedanke ans Theologiestudium war da und setzte sich fest. »Aber was, wenn das auch schiefgeht? Wenn ich es nicht schaffe, weil ich nicht geeignet bin?« Es musste eine Berufung geben. Etwas Unwiderrufliches. Etwas Eindeutiges von außen. Vier Monate später fand eine Info-Tagung in Tübingen statt. Mein Deal mit Gott: »Ich gehe einmal hin und dann weiß ich, dass es nichts für mich ist.«

EIGENTLICH WOLLTE ICH NICHT ...

Die Zeit wird klasse. Bei der Tagung sind fünfzehn junge Leute mit einem Herz für Jesus ... und viel Gesprächsbedarf über Berufung. »Bei dir sieht das alles so klar aus«, sagt jemand beim Abschied zu mir. Ich merke nichts davon. Zu Hause angekommen lese ich die Berufung Jeremias. Und dieser Vers spricht mich an wie selten einer zuvor. Die Sätze direkt davor und danach hatte ich mit einem Textmarker schon früher hervorgehoben, aber entscheidend ist jetzt dieser Satz, der mich auf die Knie bringt und die Tränen fließen lässt: »Du bist nicht zu jung oder zu unbegabt! Mach das, studiere Theologie, und ich zeig dir den Rest.« Gänsehaut am ganzen Körper und verheulte Augen. Einer Handvoll an Leuten hatte ich aufgetragen, für mich zu beten. »Seht ihr das als Weg für mich?« Einer nach dem anderen bejaht. Langsam realisiere ich: Ja, Gott will mich aus der Komfortzone locken und mich in ein Abenteuer reinwerfen. Das Wort von Jeremia hat direkt eingeschlagen. Weil es meine Sorgen aufgenommen hat und genau zum richtigen Zeitpunkt kam.

HANDGRIFFE & LEITERSPROSSEN

NACHDENKEN

- Wo wünscht sich Gott, dass du deine Komfortzone verlässt und einen Glaubensschritt wagst?

- Welche alten Muster und Erfahrungen halten dich zurück, etwas Neues anzugehen?

- Wem traust du zu, in Fragen der Entscheidung als Ratgeber und Mitbeter zu fungieren?

ENERGIERIEGEL & WASSERFLASCHE

WEITERLESEN

»Das Geheimnis deiner Stärke. Wie Gott deine Lebensgeschichte gebrauchen will« von Thomas Härry[17] und »Mann, unrasiert. Wild, echt und berufen« von Marcel Hager[18]

ANDREAS SCHMIERER

»GOTT SIEHT DEINEN BESCHWERLICHEN WEG, ER KENNT DEN INHALT DEINES RUCKSACKS BESSER ALS DU SELBST.«

Bibelstelle: Jeremia 17,7-8

Der Anstieg hat es in sich. Müde setzt du einen Fuß vor den anderen, erschöpft von vielen Stunden der Anstrengung. Meist ging es bergauf, aber es war auch so manches tiefe Tal dabei. Hart waren die Anstrengungen, dich von der Talsohle aus wieder zurückzukämpfen auf die alte Höhe, den fernen Gipfel immer im Blick – und oft genug war er dabei wolkenverhangen. Der Rücken zwickt, die Schultern drücken, weil die Last im Rucksack so geballt ist.

DURSTIG UND AUSGEZEHRT

Viel zu viel drin! Ungünstig angeordnet wiegen die Dinge schwer, die da über die Zeit hineingepackt wurden – manche von dir selbst, andere wurden dir mitgegeben auf dem Weg zum Gipfel. Das eine wolltest du mitnehmen, das andere musstest du vielleicht einpacken, und wieder anderes rutschte einfach ungefragt dazwischen. Du ächzt unter der Last, alles Hin- und Herziehen der Tragegurte hilft nicht mehr: Der Punkt ist erreicht, wo du einfach nicht mehr kannst.

Und nun biegst du um eine Ecke deines felsigen Wegs, durstig und ausgezehrt – und vor dir eröffnet sich der Blick auf den perfekten Pausenplatz! Ein Bach rauscht den Berg vom Gipfel herab, bereit, dir mit seinem kühlen, klaren Wasser die dringend benötigte und verdiente Erfrischung zu bieten. Und als wäre das nicht genug, wächst direkt dort ein Baum, der dir Schatten spendet und dessen Äste voller Früchte hängen. Kraftvoll steht er da, mitten in der Steinwüste. Tief verwurzelt in dem Gelände trotzt er seit Jahrzehnten Wind und Wetter, lässt sich nicht umwerfen von all den Widrigkeiten, die sich ihm entgegenstemmen.

Erleichtert nimmst du deine Last von den Schultern, atmest auf und lässt dich in seinem Schatten niedersinken, lehnst dich an den robusten Stamm. Dein Blick folgt einer der Wurzeln, hinweg über all das Geröll, das die Zeiten hierhergespült haben. Die Wurzel, sie verläuft nicht linear, hat sich ganz offenbar ihren Weg suchen müssen zwischen den Steinen hindurch bis hin zum Bachbett. Wie mühsam muss das gewesen sein, bis endlich das rettende Nass erreicht war! Doch nun, angeschlossen an die unerschöpfliche, niemals versiegende, ganz persönliche Kraftquelle, gelingt es dem Baum zu wachsen und zu gedeihen, obwohl die Umgebung dafür alles andere als ideal ist. Was für ein wunderbarer Ort der Ruhe, der Erholung, des Wieder-Auftankens!

ERFRISCHT UND VERWURZELT

Gott will heute diese Kraftquelle für dich ganz persönlich sein. Mit den folgenden Bibelversen spricht er dir Mut zu: »Aber Segen soll über den kommen, der seine ganze Hoffnung auf den Herrn setzt und ihm vollkommen vertraut. Dieser Mann ist wie ein Baum, der am Ufer gepflanzt ist. Seine Wurzeln sind tief im Bachbett verankert: Selbst in glühender Hitze und monatelanger Trockenheit bleiben seine Blätter grün« (Jeremia 17,7-8).

Gott sieht deinen beschwerlichen Weg, er kennt den Inhalt deines Rucksacks besser als du selbst. Vertraue ihm, dann wirst du einem Baum gleichen, der am Fluss verwurzelt ist. Die Hitze und die Trockenheiten werden dir nichts ausmachen.

HANDGRIFFE & LEITERSPROSSEN

NACHDENKEN

- Was muss ich vielleicht mal aus meinem Rucksack rausnehmen?

- Wo stehe ich derzeit? Am Fluss oder in einer Steinwüste?

- Was und wo sind meine Kraftquellen?

ENERGIERIEGEL & WASSERFLASCHE

BETEN

Nutze zum Ankommen bei Gott doch einmal diese Form des Jesus-Gebets: Setze dich an einen ruhigen Platz. Schließe deine Augen und konzentriere dich zehn Atemzüge lang auf deine Ein- und Ausatmung. Atme dann mit geschlossenen Augen ruhig weiter. Bei jedem Ausatmen gib Jesus in Gedanken eine Sache aus deinem Rucksack ab, zum Beispiel: »Jesus, nimm meine Unruhe weg.« Beim Einatmen darfst du Jesus um etwas Gutes, Neues bitten, das du dir wünschst, zum Beispiel: »Jesus, gib mir Gelassenheit.« Nutze diese Minuten des Herunterkommens so für dich, wie es dir guttut.

AXEL HUDAK

»DU BIST VON GOTT VORGESEHEN UND WIRST VON IHM ANGESEHEN.«

Bibelstelle: Jeremia 31,3

Es war verdächtig still im Kinderzimmer. Sollte ich froh sein, dass mein vierjähriger Sohn sich endlich beschäftigte und ins Spielen gefunden hatte? Oder sollte ich meinem Verdacht nachgehen und schauen, was er machte? Die Eltern unter uns wissen, was ich meine.

VERDÄCHTIG STILL

Die Erdanziehungskraft auf dem Sofa war aber in diesem Moment stärker als mein Verdachtsmoment. Eine Stunde später rief mein Sohn, ich solle unbedingt in sein Kinderzimmer kommen, dann würde ich sicherlich staunen. Und wie ich staunte! Aber nicht, wie man über einen Sonnenaufgang staunt oder eine bahnbrechende Erfindung oder das erste Tor beim Fußballspiel, sondern ich sah, staunte und atmete tief durch … denn ich war geschockt. Eine Wand im Kinderzimmer war vollständig von Filzstiften vollgekritzelt. Mein Sohn hielt es für Kunst – ich für mutwillige Zerstörung. Ich atmete wieder tief durch, zählte bis drei – okay, bis dreißig – und sagte dann mit ruhiger Stimme: »Jetzt werden wir zusammen die Farbe von der Wand abmachen.« Gesagt, getan. Wir schrubbten und putzten eine Stunde lang die Wand … schlussendlich strichen wir sie neu.

Was mir beim Putzen und Streichen erneut bewusst wurde: Ich liebe meinen Sohn und meine Kinder. Ohne Wenn und Aber. Nicht nur, wenn sie brav sind oder mich fest umarmen, sondern auch, wenn sie die Wand vollkritzeln oder andere Probleme machen. Ich liebe sie bedingungslos und gerade dann, wenn es schwerfällt, sie zu lieben, weil sie scheitern, anstrengend sind und ihren eigenen Kopf haben. Meine Frau habe ich gefunden, meine Kinder dagegen habe ich gezeugt. Sie sind »mein eigen Fleisch und Blut«. Sie sind Teil von mir. Die Eltern-Kind-Beziehung ist unverbrüchlich und gilt ein für alle Mal.

Unverbrüchlich und ein für alle Mal gilt auch, dass du geliebtes Kind Gottes bist. Er, der Vater im Himmel, du sein unendlich geliebtes Kind. Er erinnert dich: »Ich hörte nie auf, dich zu lieben!« (Jeremia 31,3; NeÜ). Das ist für Gott dein Sein, dein Wert, deine Identität, dein Status. Ohne Wenn und Aber. Du bist eben keine Laune der Natur oder zufällig ins Leben geworfen. Du bist von Gott vorgesehen und wirst von ihm angesehen. Das erste Kapitel der Bibel sagt, dass jeder Mensch nach dem Bild Gottes geschaffen ist. Was für ein ungeheurer und fast unglaublicher Satz über Gott und dich. Was für eine Würde! Du willst wissen, wie Gott aussieht? Schau mal in den Spiegel. Du bist Gottes Ebenbild! Du bist unendlich wertvoll! Geliebt, einmalig, wichtig!

In diesem Bewusstsein kann Leben gelingen! Du bist geliebt und wertvoll, wenn du erfolgreich bist und das Leben gelingt, und genauso, wenn du scheiterst, deinen Job verlierst, einen Unfall hast, der Zahn der Zeit an deiner Optik nagt. Denn bei Gott zählt nicht deine Leistung, was du erreicht hast oder wie voll dein Konto ist, sondern er liebt dich und du bist wertvoll, weil du sein Kind bist.

DEFINIERE DICH ALS GELIEBTES KIND GOTTES

Welcher Dreiklang macht deine Identität aus? »Tun – Haben – Sein« oder »Sein – Haben – Tun«? Hart arbeiten, etwas erreichen und haben, und dann ist man endlich jemand? Oder lebt es sich nicht erfüllender, wenn du dein Sein als geliebtes Kind Gottes definierst und aus diesem Bewusstsein heraus handelst? Auch dann kannst du etwas tun, dein Leben gestalten und natürlich auch viel erreichen und haben. Aber du bist immer wer, selbst wenn dein Tun aus welchem Grund auch immer wegfällt, denn du bist wertvoll! Vielleicht heißt es deshalb im Englischen auch human being und nicht human doing.

HANDGRIFFE & LEITERSPROSSEN

NACHDENKEN

- Was könntest du in deinem Leben ändern, damit du mehr human being statt human doing bist?

- Was würde dir helfen, damit du es veränderst?

- Was hindert dich daran, es zu ändern?

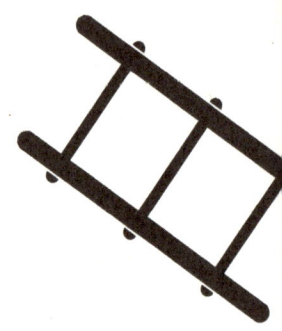

ENERGIERIEGEL & WASSERFLASCHE

ANSCHAUEN

Einen Filmklassiker, der zeigt, was erfüllendes Leben ausmacht: den mit zahlreichen Preisen ausgezeichneten Film »Ziemlich beste Freunde«[19], der die Freundschaft zwischen einem Rollstuhlfahrer und einem Kleinkriminellen beschreibt.

KARSTEN BÖHM

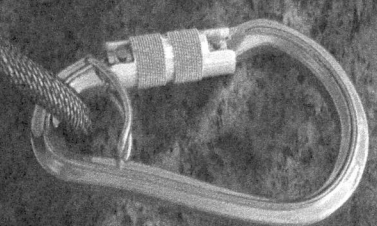

»GOTT VERLIERT DICH NICHT AUS DEN AUGEN.«

Bibelstelle: Jeremia 32,41

Vor neun Jahren begann für mich eine Achterbahnfahrt. Ich erhielt aus dem Oberkirchenrat die Anfrage, auf eine ganz bestimmte Stelle zu wechseln. Ich bin Pfarrer mit Leib und Seele und zu diesem Zeitpunkt hatte ich überhaupt keine Wechselgedanken. Aber innerhalb weniger Wochen wurde meiner Frau und mir klar: Wir wechseln die Stelle und gehen in diese neue Gemeinde.

ZWEIFEL GEHÖREN DAZU

So weit, so gut. Doch danach kamen Zweifel auf: Ist das richtig? Können wir jetzt schon gehen? Haben wir uns verhört? Und, und, und … Dann bekam meine Frau diesen Bibelvers von ihrer Seelsorgerin zugesprochen. »Ich werde Freude daran haben, ihnen Gutes zu tun und werde sie voller Treue wieder in dieses Land einpflanzen – mit meinem ganzen Herzen und mit meiner ganzen Seele« (Jeremia 32,41). Für uns ein klares Signal: Es ist die richtige Entscheidung.

Bis heute haben wir die Entscheidung nicht bereut – auch wenn Herausforderungen auf uns zukamen, auf die ich gerne verzichtet hätte. Die Berufung in die neue Aufgabe hat sich vielfach bestätigt. Dennoch kann ich nicht sagen: »Der Vers hat sich zu 100 Prozent erfüllt!« Aber er macht uns immer wieder Mut und gibt uns Hoffnung, dass das, was wir gerade sehen und erleben, noch nicht »das Ende der Fahnenstange« ist – gerade in Krisen und Herausforderungen, die mein Beruf mit sich bringt. Mir hilft dabei der Gedanke: Die Erfüllung von Verheißungen, die Gott mir gibt, kann auch prozesshaft geschehen. Das muss nicht auf einen Schlag gehen. Abraham musste auch eine ganze Weile (also viele Jahre) warten, bis sich die Verheißung seines Sohnes erfüllte.

Der Gedanke hilft mir vor allem dann, wenn Gott keine neue Berufung ausspricht – warum auch? Scheinbar ist die aktuelle ja noch nicht zu ihrer Vollendung gekommen. Wenn es dir manchmal ähnlich geht und du dich fragst: »Echt jetzt, Jesus? Das hier ist mein Platz? Hier wolltest du mich haben?«, dann ermutige ich dich: Bleib erst mal dran. Solange Jesus noch keine neue Berufung ausspricht, ist die alte Berufung noch nicht aufgehoben.

Und nein: Das ist kein Klammern an einen Strohhalm, sondern ein »Harren auf den Herrn«, wie es ganz oft in den Psalmen genannt wird: ein vertrauensvolles Warten darauf, dass Gott seine Versprechen erfüllt. Selbst wenn es sich nach dem Gegenteil anfühlen sollte: Gott steht zu seinen Verheißungen. In allem Unfertigen, Prozesshaften, Bruchstückhaften und Unvollständigen ist Gott da und wartet auf dich und mich mit richtig guten Dingen – die wir manchmal aus den Augen verlieren, klar, der Alltag und so. Aber weißt du was? Gott verliert uns nicht aus den Augen und auch nicht die Verheißungen über deinem und meinem Leben! Das ist, was zählt, und nicht, was wir spüren oder wahrnehmen. Was mache ich in Momenten des Zweifels? Ich pack den Bibelvers, schrei ihn Gott im Gebet entgegen, und siehe da: Eigentlich immer zeigt er eine neue Perspektive. Probier's doch auch mal aus!

HANDGRIFFE & LEITERSPROSSEN

NACHDENKEN

· Im Leben ist nie etwas »komplett« – wieso sollte
es jetzt plötzlich der Fall sein? Frage dich daher:
Wo kann ich Gott im Unfertigen erkennen?

ENERGIERIEGEL & WASSERFLASCHE

WEITERLESEN

»Glaube & Zweifel« von John Ortberg.[20] Für mich
eines der besten Bücher zum Thema Zweifel.

ANHÖREN

Ein echter Mutmach-Song: »Es liegt Kraft in dem Warten auf
den Herrn«. www.youtube.com/watch?v=hJz7NkxTIWk

DAVID BRUNNER

»WO DER WILLE SCHON ALS TAT UND DAS SICHAUFREIBEN ALS ERFOLG GILT, KANN GOTT MICH NICHT FÜHREN.«

Bibelstelle: Micha 6,8

»Scheiter heiter!« Was paradox, ja zynisch klingen mag, ist eine reale Erfahrung, die ich die meiste Zeit meines Lebens vermieden habe. Im Alltag, im Beruf und in Glaubensdingen. Zu hoch waren der eigene Anspruch und der Wunsch, gut (genug) zu sein. Erfolg. Gottesliebe. Nächstenliebe. Selbstliebe. Dazu Feindesliebe. Womöglich sogar Liebe, die ihr Leben dahingibt. Wie gern hätte ich diese hohen Ziele gerne erreicht!

DER FINGERZEIG GOTTES

Vermeiden wollte ich jegliches Scheitern durch beharrliche, verbissene Anstrengung. Es verdrängen, indem ich die Schuld überall suchte, nur nicht bei mir selbst. Doch in der Weigerung, auch Scheitern anzuerkennen, in der narzisstischen Selbstrechtfertigung durch »bestmöglichen Einsatz« und »Widrigkeiten der Umstände« nahm ich mir auch die Chance auf Korrektur und Umkehr. Wo der Wille schon als Tat und das Sichaufreiben als Erfolg gilt, kann Gott mich nicht führen. Wo die Wut über das Versagen und das Zurückbleiben hinter dem Anspruch größer ist als die Aufmerksamkeit für den Fingerzeig Gottes, kann ich Gott nicht folgen.

Notkarspitze. Dieser reale Berg steht in meinem Leben für Scheitern. Inmitten der Ammergauer Alpen führt ein steiler Weg über zwei Vorberge zu diesem Gipfel, einem der höchsten der Gegend. Erst nachmittags, ohne Vorerfahrung oder Proviant, aber voller Selbstüberschätzung, hatte ich mich auf diese schwere Tour gemacht. Prompt gingen mir nach zwei anspruchsvollen Aufstiegen »die Körner aus«. Nur Dank dreier sehr gnädiger Berggänger, die ihren Proviant mit mir teilten, schaffte ich überhaupt noch mit schwachen Beinen den Abstieg.

Das Scheitern am Berg ist mir zum Sinnbild geworden für die Herausforderungen, die das Evangelium an mich stellt und an denen ich immer wieder scheitere. Bergpredigt, Goldene Regel und doppeltes Liebesgebot. Irgendwie meinte ich immer, alle drei erfüllen zu müssen oder mein Scheitern wenigstens zu leugnen.

Heilsam waren da die Worte des Propheten Micha: »Er hat dir kundgetan, o Mensch, was gut ist; und was fordert der Herr anderes von dir, als Gerechtigkeit zu üben und dich der Liebe zu befleißigen und demütig zu wandeln mit deinem Gott?« (Micha 6,8; MENG). Anstelle des Versuchs, mit selbstbezogenem Ehrgeiz einem biblischen Anspruch genügen zu wollen, steht die demütige Erkenntnis, dass es vor allem um das Mitgehen mit Gott auf dem gemeinsamen Weg geht. Statt um todesverachtende Feindesliebe geht es erst einmal um barmherzigen Umgang miteinander, statt um eigene Perfektion um die Frage, wie ich den anderen gerecht werden könnte in ihrem Wesen, ihren Bedürfnissen und Nöten.

SCHEITERN LEHRT DEMUT

Tatsächlich habe ich es unlängst doch auf die Notkarspitze geschafft. Mit viel Anstrengung, Zeit und Geduld für den Weg und reichlich Wasser und Müsliriegeln für genug Energie. Das Scheitern hatte mich Demut gelehrt, und so kam ich dann im zweiten Anlauf und anders als gedacht ans Ziel ... und auf dem Weg war sogar Zeit für das Gespräch mit Gott. Scheitern führt in die Demut. Von der Sucht nach Beifall in die Verbindung mit Gott. Und wenn ich ihm immer aufmerksamer folge, kommt er auch mit mir an sein Ziel.

HANDGRIFFE & LEITERSPROSSEN

NACHDENKEN

- Führen Gottes »Forderungen« bei dir zu selbstverachtender Anstrengung oder helfen sie dir, deine menschlichen Grenzen in Demut anzuerkennen und in Liebe anzunehmen?

- Treiben dich Momente des Scheiterns eher in Härte und Leugnung oder machen sie dich gescheiter und weicher?

- Kannst du (dich) mit Gott zusammen wandeln oder giert es in dir mehr nach dem hohen Ziel?

- Wo bist du das letzte Mal heiter gescheitert?

ENERGIERIEGEL & WASSERFLASCHE

ANHÖREN

Lust auf das »Wandeln« und die Verbindung mit Gott macht das Lied von Stevie Wonder »Have A Talk With God«: www.youtube.com/watch?v=HrJB-MltdVY (ab Minute 7).

MICHAEL STIEF

»ES IST GOTT, DER ES GUT MIT MIR MEINT!«

Bibelstelle: Nahum 1,7

»Du bist gut, Herr, wahrhaft gut, Herr, darum hoffe ich fest auf dich. Du bist gut, Herr, machst mir Mut, denn deine Treue lässt mich nicht im Stich.«[21] Dieses Lied haben wir in meiner Jugend oft geschmettert. Ein Lied, das mir Halt gegeben und das mich aufgefordert hat, an Gottes Treue festzuhalten, die mich nicht enttäuschen wird. Dieses Lied kam mir nach knapp zwanzig Jahren wieder neu in den Sinn, als ich das Buch des Propheten Nahum im Alten Testament aufgeschlagen habe.

FESTHALTEN

Es ist ein spannendes und zugleich lohnendes biblisches Buch, das mit seinem zentralen Thema »Gott und die Mächte der Welt« heute wichtiger denn je zu sein scheint. Im Fokus ist dabei die Stadt Ninive, der Gott sein Gericht ankündigt. Und das Buch ist gerade deshalb so interessant, weil Trost für Israel hier nicht nur beruhigende Worte (Nahum 1,7) meint, sondern eine Veränderung der Situation an sich (Nahum 1,2 ff.). »Du bist gut, Herr, wahrhaft gut, Herr, darum hoffe ich fest auf dich. Du bist gut, Herr, machst mir Mut, denn deine Treue lässt mich nicht im Stich.« Wie klingen die Liedverse, wenn ich am »Berg des Alltags« unterwegs bin? Wenn der Weg keine besondere Herausforderung darstellt, fast langweilig ist? Wie schnell vergesse ich den Satz »Der Herr ist gut!« (Nahum 1,7; BB), wenn es mir zu gut geht? Wenn ich keine Zuflucht in der Not brauche, keine Hütte gegen Gewitter, weil die Sonne scheint, sprich: mich Erfolg und Gesundheit begleiten? Dann bin ich oft ganz »unchristlich« unterwegs, da das Leben gut zu mir ist. Der Vers liegt mir in solchen Zeiten einfach fern. Er kommt mir erst wieder viel näher, wenn ich in Not gerate, wenn zum Beispiel Menschen mich persönlich angreifen, Krankheit in der Familie oder andere Probleme mir die Luft zum Atmen nehmen. Oftmals fällt es mir dann allerdings genauso schwer, zu singen oder daran festzuhalten: »Du bist gut, Herr.«

»Du bist gut, Herr, wahrhaft gut, Herr, darum hoffe ich fest auf dich. Du bist gut, Herr, machst mir Mut, denn deine Treue lässt mich nicht im Stich.« – Ich denke, dass ich mich mit meinen im letzten Abschnitt geäußerten Gedanken selbst ertappt habe: dass ich nämlich viel zu stark auf mich selbst fokussiert bin. Der Vers aus Nahum 1,7 spricht mich nicht direkt an! Doch tut er es indirekt, indem er Gott und sein Wesen charakterisiert. Und das ist auch das, was der Liedvers beschreibt: Es ist Gott, der es gut mit mir meint. Der Prophet beginnt mit einem Psalm, der die Macht und Güte Gottes besingt, die Menschen durch die Erinnerung an die Geschichte Gottes mit seinem Volk ermutigt und die assyrischen Feinde wissen lässt, wen Juda an seiner Seite hat: Gott.

GEHALTENSEIN

»Du bist gut, Herr, wahrhaft gut, Herr, darum hoffe ich fest auf dich. Du bist gut, Herr, machst mir Mut, denn deine Treue lässt mich nicht im Stich.« – Ich wünsche mir von Gott ein verändertes Herz. Ein Herz, das mich nicht auf mich selbst schauen lässt, sondern auf den, der gut ist. Das heißt auch, dass ich nicht an seiner Treue festhalten muss, sondern darf und zugleich weiß, dass er das Festhalten übernimmt, wenn ich es nicht zu brauchen meine oder nicht kann.

HANDGRIFFE & LEITERSPROSSEN

NACHLESEN

Nimm dir heute 20 Minuten Zeit und lies
einmal das ganze Buch Nahum.

MACHEN

Wie würde dein eigener Psalm aussehen? Schreib ihn auf,
deinen Psalm des Vertrauens, des Klagens, des Dankes.

ENERGIERIEGEL & WASSERFLASCHE

ANHÖREN

Hier findest du das Lied »Du bist gut, Herr, wahrhaft gut,
Herr«: www.youtube.com/watch?v=QDzrXhI-y5g

ULRICH MANG

»ICH HÄNGE MICH INS SEIL, INDEM ICH AUF GOTT VERTRAUE.«

Bibelstelle: Hesekiel 36,11

Ich kann jeden Mann gut verstehen, der beim Aufstieg in der Felswand kämpft, um Atem ringt, den nächsten Schritt nicht sieht! Schon einige Zeit hänge ich in einer überhängenden, Furcht einflößenden Felswand. Seitdem gilt es für mich, diese zu bezwingen, dranzubleiben und trotz chronischer Müdigkeit, Depression und Rheumaschmerzen nach oben zu schauen. Zeitweise habe ich den Halt verloren, verzweifelt aufgeben wollen und habe doch gleichzeitig Gott für sein Seil und den Kletterkarabiner gedankt. Nach dem freien Fall, einem kurzen Schock und dem anschließenden harten, schmerzhaften Ruck weiß ich aber, dass mich dieses Seil zuverlässig hält: Es ist die Gewissheit, dass Gott es gut meint, dass er einen guten Plan hat, dass er auf meiner Seite ist!

KRANK BLEIBEN ODER GESUND WERDEN?

Und der Karabiner verbindet mich sicher mit diesem Seil, er hält mich nahe bei Jesus. Es gibt verschiedene solcher Karabiner, meiner ist ein Bibelvers, den ich zu Beginn meiner eingangs erwähnten Krankheit von einem Seelsorger erhalten habe: »Ich will mehr Gutes für euch tun als je zuvor. Dann werdet ihr erkennen, dass ich der Herr bin« (Hesekiel 36,11). Diese Worte waren damals wie heute Balsam für meine leidende Seele! Natürlich frage ich mich, wie das denn aussehen könnte, dass Gott für uns »mehr Gutes tun (will) als je zuvor« ... Ob er mir durch diesen Vers sagen will, dass ich bald wieder gesund werde? Ist es ein Hinweis auf die Ewigkeit? Oder könnte es bedeuten, dass Gott mich im Angesicht von Krankheit und Schmerz segnen will? Alle drei Möglichkeiten gefallen mir und ich erlebe tatsächlich, wie Gott mich und meine Familie auch in Krankheit segnet.

Trotzdem verblasst die Bedeutung dieses Bibelverses zeitweise, und immer wieder vergesse ich dieses wohltuende Versprechen. Darum habe ich mich entschieden, diesen Karabiner immer wieder aktiv einzuhaken, mich ins Seil zu hängen und von Gott das Wunder zu erwarten. Das tue ich zum Beispiel, indem ich den Vers sichtbar mache und ihn an die Wand hinter meinem Computer hefte. So ist mein Karabiner immer griffbereit und nutzbar. Dann hänge ich mich ins Seil, indem ich auf Gott vertraue und ihm das Wunder überlasse. Er hält seine Versprechen!

HANDGRIFFE & LEITERSPROSSEN

NACHDENKEN

- Gibt es einen (vielleicht lange vergessenen) Karabiner in deinem Leben?

- Oder wünschst du dir einen solchen als Sicherung auf deiner aktuellen Route? Wie könntest du an einen Karabiner gelangen?

ENERGIERIEGEL & WASSERFLASCHE

WEITERLESEN

Mehr zu meiner persönlichen Geschichte und zum Thema »Umgang mit Krankheit« kannst du in meinem Buch »Mit ganzer Kraft schwach« nachlesen.[22]

ANSCHAUEN

Dieses Kletter-Video wird deinen Adrenalinspiegel garantiert steigern! www.youtube.com/watch?v=joMta8b0DuA

RETO KALTBRUNNER

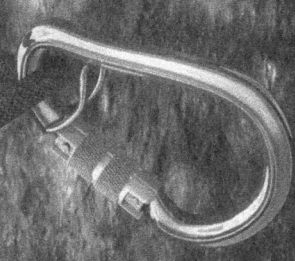

»MITTEN IN DEINEM SCHEITERN REICHT DIR JESUS SEINE HAND!«

Bibelstelle: Matthäus 14,30

Manchmal habe ich das Gefühl, dass besonders wir Männer dazu neigen, die Situationen, in denen wir gescheitert sind, einfach auszublenden oder nicht wahrhaben zu wollen. Gerade weil wir Männer unsere Identität oft aus unserer Arbeit ziehen und unsere Würde daran festmachen, ist es allerdings wichtig, ein »Lebenskünstler« zu sein. Es geht mir dabei um die Kunst, am Scheitern nicht zu scheitern.

HEIMWERKERS PLEITE

Ich erinnere mich an die Situation, als wir unser zweites Kind erwarteten. Wir hatten eine neue Wohnung gefunden und für das Wohnzimmer die Idee, die Wand mit einem rustikalen Reibeputz zu verschönern. Renovieren war für mich nie ein Problem, also sollte die Sache mit dem Reibeputz auch kein großer Akt werden, dachte ich. Im Baumarkt schaute ich mir ein Video an, das in wenigen Schritten erklärte, wie Reibeputz auf die Wand kommt und zu einem Kunstwerk wird. Mit drei großen Eimern Putz und voller Tatendrang fuhr ich zur neuen Wohnung. Ich fing an, mit der Kelle die ersten Ladungen Reibeputz auf die Wand aufzubringen. Ich bemerkte jedoch schon bald, dass das Ergebnis nichts mit dem zu tun hatte, was im Video zu sehen gewesen war. Nach mehreren Stunden hatte ich nur eine kleine Fläche bearbeitet, und es sah immer schrecklicher aus. Ich war wütend, denn der Reibeputz war ziemlich teuer – und ich bekam es nicht hin. Der Putz tropfte von der Wand, die alte Wandfarbe wurde nicht überdeckt, und von einem schönen rustikalen Muster fehlte jede Spur. Am Ende des Nachmittags warf ich die Kelle voller Wut und Verzweiflung in die Ecke. Was jetzt?

Ich erinnerte mich dann an Arthur aus unserer Kirchengemeinde. Er war Maurer im Ruhestand. Es fiel mir schwer, ihn anzurufen, ihm von meinem Scheitern zu erzählen und ihn um Hilfe zu bitten. Aber ich war trotzdem froh, dass Arthur sich auf den Weg zu mir machte. Als er in die Wohnung kam, erfasste er mit einem Blick die ganze Situation, schaute mich an und sagte: »Da hast du dir aber ganz schön was zugetraut.« Und dann erklärte er mir, dass ich so ziemlich alles falsch gemacht hatte, was man falsch machen kann. Arthur meinte dann: »Abkratzen!

Alles wieder zurück in den Eimer!« Danach verputzte er das komplette Wohnzimmer – und es wurde traumhaft. Ich war beschämt und dankbar zugleich.

Abkratzen! Nicht nur der Reibeputz musste von der Wand abgekratzt werden, auch ein großes Stück Stolz ist in mir »abgekratzt«. Diese Situation kommt mir heute immer wieder mal in den Sinn, wenn ich mit Menschen über ihr Scheitern spreche.

SCHULE DER BARMHERZIGKEIT

Heute, gute dreißig Jahre später, hilft es mir in meinem pastoralen Dienst, im Umgang mit Menschen barmherzig zu bleiben. Auch mitten in deinem Scheitern, das du vielleicht gerade erlebst, ist Jesus da und reicht dir seine Hand, um dir zu helfen. Jesus will nicht, dass du am Scheitern scheiterst, wenn du wie Petrus zu ihm rufst: »Herr, rette mich!« (Matthäus 14,30). Jesus steht zu dir. Mitten in deinem Scheitern. Es hatte mich damals viel Stolz gekostet, Arthur anzurufen. Aber mein Scheitern durfte abkratzen. Scheitere nicht am Scheitern!

HANDGRIFFE & LEITERSPROSSEN

NACHDENKEN

- Wie gehst du mit Scheitern um?

- Hast du Kletterkameraden, denen du dich anvertrauen kannst? Wenn nicht, woran könnte das liegen? Und wie könntest du das ändern?

ENERGIERIEGEL & WASSERFLASCHE

NACHLESEN UND WEITERDENKEN

Fragen sind Freunde! Denn sie führen uns weiter. Darum findest du hier gleich noch ein paar mehr ... Lies zunächst im Matthäusevangelium die ganze Geschichte von Petrus auf dem Wasser (Kapitel 14,22-33).

- Finde heraus, was Petrus zum Scheitern brachte und mit welcher Haltung Jesus Petrus in der Situation begegnete.

- Welche Rolle spielt für dich dein Gottesbild in Bezug darauf, dass Menschen im Leben scheitern können?

- Wie haben deine Eltern auf ihr und dein Scheitern reagiert, als du noch Kind warst?

- Wie möchtest du heute auf Scheitern reagieren?

LARS TIETGEN

32. MUT TROTZ VERZWEIFLUNG

»IN MEINER VERZWEIFLUNG DARF ICH GOTT NAHE SEIN, WIE SEIN SOHN.«

Bibelstelle: Matthäus 26,39

Im Garten Gethsemane betet Jesus vor seiner Verhaftung: »Und er ging ein wenig weiter und fiel auf sein Angesicht und betete und sprach: Mein Vater, wenn es möglich ist, so gehe dieser Kelch an mir vorüber! Doch nicht wie ich will, sondern wie du willst« (Matthäus 26,39; ELB).

BITTERE KELCHE DES LEBENS

Mit zwei Scheidungen, einem Verkehrsunfall mit Todesfolge und mehreren Gerichtsprozessen, in denen ich als Redakteur oder Freiberufler verklagt wurde, weil ich öffentlich die Wahrheit geschrieben hatte, habe ich in meinem Leben schon etliche bittere Kelche leer getrunken, die mir das Leben hingestellt hat. Der aktuelle Kelch ist meine Ohnmacht angesichts der globalen Umweltzerstörung, der Kriege in der Ukraine und in Palästina sowie des wachsenden Extremismus und Egoismus in unseren Demokratien.

Deshalb freue ich mich immer auf Gründonnerstag, die Abendmahlsliturgie und das Evangelium vom Versagen der Jünger: Im Garten Gethsemane schlafen sie, statt zu beten; Judas verrät Jesus mit einem Kuss, um ihn zum Handeln zu zwingen; und Petrus verleugnet Jesus am Feuer, um Ärger für sich zu vermeiden. Verdammt: Wie muss sich Jesus gefühlt haben? Er wusste, dass ihm die Folter und der brutale Kreuzestod drohten. Und er blieb standhaft. Wie Dietrich Bonhoeffer, mein persönlicher Held der Neuzeit, der aus dem sicheren England in das vergiftete Nazi-Deutschland zurückkehrte, um seine christlichen Geschwister im Glauben zu stärken. Auch er ahnte, dass ihn seine Entschlossenheit in den Tod führen würde.

GETROST IN GOTT

Dieses Vorbild stärkt mich. Ich bin nicht allein. Und ich bin nicht verloren. Im Gegenteil: In meiner Not bin ich auf das Wesentliche reduziert und fokussiert – auf meinen Gott, Messias und Retter. Den von unserer Not bewegten Beweger, den Allmächtigen. Der mir das Leben geschenkt hat. Und die Intelligenz, den Zustand der Welt und seine Existenz zu erfassen. In meiner Bedürftigkeit spüre ich ihn am allermeisten. Auch, dass er mir seine Wirksamkeit geschenkt hat, mir und anderen Hoffnung zu vermitteln, Mut zu machen und Halt zu geben.

Ja, ich setze meiner Verzweiflung über den Zustand der Welt meine männliche Entschlossenheit entgegen. Wie Martin Luther pflanze ich täglich einen Baum der Hoffnung, indem ich mich in Männergruppen investiere – und wenn es mein letzter Tag wäre.

Was mich außerdem tröstet: In meiner Verzweiflung darf ich Gott nahe sein, wie sein Sohn. Und weil nur er ewig ist, ist alles andere endlich: meine Ohnmacht, meine Verzweiflung, mein Leben, alles Leben, die Welt. Deshalb wird mein Tod die Erlösung von meinem Kleinmut und meiner Verzagtheit sein.

Und schließlich: Ich habe absolutes Vertrauen in den Heilsplan Gottes: »Dein Wille geschehe, wie im Himmel, so auch auf Erden« (Matthäus 6,10; ELB). Halleluja. Amen.

HANDGRIFFE & LEITERSPROSSEN

NACHDENKEN

- Was lässt dich verzweifeln?

- Wer oder was gibt dir in Krisen Halt?

ENERGIERIEGEL & WASSERFLASCHE

MACHEN

Schreibe dir auf, was schön in deinem Leben ist.

Schreibe dir auf, wen du liebst und wer dich liebt (und wofür).

LEONHARD FROMM

»JESUS FRAGT MICH, WAS ICH AUSGELAUGTER FAMILIENVATER, SONDERSCHULLEHRER, EHEMANN BRAUCHE.«

Bibelstelle: Markus 10,51

September 2021 – Männer-Gebetswochenende der Navigatoren, einer überkonfessionellen christlichen Gruppe von Studierenden und Akademikern, im Haus Moria nahe Koblenz. Ich komme dort am Freitagnachmittag ziemlich ausgebrannt und erschöpft an. Corona, Beruf und Familienalltag zehrten in den letzten Wochen sehr an meinen Kräften und Nerven. Ich lade meine Tasche aus dem Auto aus, simse meiner Frau, dass ich gut angekommen bin, und will im Freizeitheim einchecken. Doch die Tür ist geschlossen. Mann, tolle Erholung! Ich bin genervt, wollte mich doch vor dem eigentlichen Freizeitbeginn etwas ausruhen … Nach einigem Klingeln und Klopfen wird endlich geöffnet, ich kann einchecken und mein Zimmer beziehen.

MIT FRUST IN DEN WALD

Auf meinem Zimmer ziehe ich Laufklamotten und -schuhe an, denn ich will nach der langen Autofahrt eine Runde joggen (was nicht mein Lieblings-Hobby ist). Schon nach kurzer Zeit bin ich erschöpft, ärgere mich, dass ich so ein unfitter Typ Ü50 bin – bin schon zum zweiten Mal gefrustet an diesem Nachmittag. Ich schaue mich um und finde auf einer Lichtung einen Baumstumpf, der einladend aussieht, trocken ist und in der Sonne liegt. Ich setze mich darauf und tue … nichts. Das heißt, eigentlich tue ich doch etwas: Ich höre auf den Wald, betrachte Bäume, Sonne, Waldboden, meine Schuhe, einige Ameisen …

Das tut mir gut, ich entspanne, frage mich, warum ich nicht einfach öfter im Wald sitze?! Ich liebe den Wald, weiß von mir selbst, dass meine Seele auflebt, wenn mindestens 50 Prozent meines Blickfeldes aus grüner Natur bestehen, und dass Draußensein schon wichtig für mich war, bevor der Begriff »Outdoor« aufkam.

Nach einiger Zeit gehe ich zurück zum Freizeitheim. Nach dem Abendessen kommen wir zu einem ersten Impuls zusammen. Der Freizeitleiter hat jedem Teilnehmer einen Vers auf seinen Platz gelegt, von dem er denkt, dass er genau diesen aktuell gebrauchen könne. Auf meinem Platz liegt ein sehr kurzer Vers aus dem Markusevangelium: »Und

Jesus antwortete ihm und sprach: Was willst du, dass ich für dich tun soll?« (Markus 10,51; LUT).

Peng – Jesus fragt mich, was ich ausgelaugter Familienvater, Sonderschullehrer, Ehemann und Mountainbike-Fahrer gerade brauche. So einfach ist das also? Das kann doch nicht sein, oder?!?!

IM WALD JESUS BEGEGNET

Glücklicherweise dauert die Männer-Gebetsfreizeit der Navigatoren jeweils ein ganzes Wochenende und ich habe neben vielen inspirierenden Impulsen und Gesprächen Zeit. Zeit zum Ausruhen, Zeit, um in den Wald zu gehen, zu beten, Jesus zu bitten und zu hören, was er mir sagen will. Zum Beispiel lese ich in Psalm 23,5: »Du deckst mir einen Tisch vor den Augen meiner Feinde. Du nimmst mich als Gast auf und salbst mein Haupt mit Öl. Du überschüttest mich mit Segen.« Gott versorgt mich also immer, selbst in Situationen, die mich überfordern, fertigmachen oder mir meine Unzulänglichkeiten vor Augen führen! Was will ich mehr? Ich muss nur daran denken (oder mich von lieben Weggefährten und Weggefährtinnen erinnern lassen), dass Jesus

- ⟶ mich fragt, was ich brauche,
- ⟶ mir einen Tisch deckt, egal wie viel Stress, Ärger und Mist in meinen Leben gerade passieren, oder
- ⟶ mir einen gemütlichen Baumstumpf in den Weg stellt, auf dem ich einfach sitzen bleiben kann!

HANDGRIFFE & LEITERSPROSSEN

NACHDENKEN

- Wo kommst du zur Ruhe? Frage dich, was dein »Baumstumpf im Wald« ist – die Bank am Seeufer, der Platz auf deiner Gartenbank mit einer Flasche Bier, das Lagerfeuer auf der Terrasse … – und suche diesen Platz regelmäßig auf. Verbringe dort Zeit, um durchzuatmen, auf Gott zu hören und, vor allem: um Jesus zu sagen, was du genau jetzt von ihm brauchst!

ENERGIERIEGEL & WASSERFLASCHE

ANHÖREN

Eine spannende Neuinterpretation des Lieds »Auge im Sturm« findest du hier: www.youtube.com/watch?app=desktop&v=Z__spu4iEwU

MACHEN

Nimm regelmäßig an Einkehrtagen, Männerfreizeiten, Klosteraufenthalten oder Ähnlichem teil. Oder geh einfach mal zwei Stunden ohne Mobiltelefon in den Wald!

STEFAN MÜCK

»WER JESUS
AN BORD HAT,
HAT STURM
AUF DEM SEE.«

Bibelstellen: Markus 4,40

In meinem Leben geht es stürmisch zu. Wir haben drei Kinder zwischen neun und fünfzehn Jahren, leben in Berlin. Viele meiner Projekte laufen gleichzeitig. Ich bin Anfang vierzig, will jetzt was schaffen. Beruflich nennt man das so schön die Etablierungsphase, es fühlt sich aber manchmal mehr nach Rushhour des Lebens an. Von wegen »Es wird allmählich ruhiger«! Das wird es auch dann nicht, wenn man Jesus an Bord hat. Ganz im Gegenteil. Wer Jesus an Bord hat, hat Sturm auf dem See. Das ist biblisch astrein belegt: Die Jünger fahren raus mit Jesus. Ein Sturm kommt auf, das Schiff droht zu kentern. Vor Angst schreiend, wecken die Jünger den schlafenden Jesus auf.

JESUS IM POWERNAPPING-MODUS

Jesus aufwecken? Ich merke, dass ich seit Jahren über dieses Aufwecken von Jesus immer wieder stolpere. Warum um alles in der Welt macht Jesus sein Powernapping in dem Moment, als der Sturm tobt? Um nachher sein Wunder zu tun und um zu zeigen: »Mir gehorchen Wellen und Wind! Schaut her, welche Macht mir verliehen ist!«? Ich weiß nicht ... Irgendwie ist diese Deutung für mich schon immer schief. Wenn es Jesus wirklich um das Zeigen seiner Macht gegangen wäre, dann hätte er sich auch ans Ufer stellen und sagen können: »Wellen, bewegt euch!«, und sie hätten angefangen zu tosen. Oder: »Wind, wehe wie ein Sturm!«, dann wäre auch das passiert. Einfach so, ohne Boot, ohne Powernap, ohne Angst auf großem See. Also für mich ist das im Kern keine Machtdemonstration. Doch was ist es dann?

Ich arbeite als Coach und ich weiß, Entwicklungsprozesse sind manchmal »stürmisch« wie so eine aufgepeitschte See. Es braucht manchmal den Sturm von Gefühlen, Gedanken, Reaktionen, um die Lebensthemen neu einzusortieren. Nach dem Sturm im Kopf ist es im Inneren meist viel klarer als zuvor, weil man sich positioniert hat. Mal angenommen, Jesus wäre in dem Moment nicht in erster Linie als Gottes Sohn in der Mission »Wunder zeigen«, sondern als Coach für seine Jünger zum Thema Team- und Persönlichkeitsentwicklung unterwegs, wie würde dann die Szene auf uns wirken?

Vor lauter Angst (übrigens eines unserer stärksten Gefühle überhaupt) wecken die Jünger Jesus. Ob er erstaunt oder erschrocken aufspringt oder sich erst in Ruhe reckt und streckt, wissen wir leider nicht. Meines Erachtens würde dieses Wissen die Geschichte maßgeblich beeinflussen, oder? Doch wir leben mit Bruchstückhaftem, auch was die Berichterstattung in der Bibel angeht. Die Jünger wecken Jesus, er greift ein und beendet das Spektakel und wendet sich dann direkt mit einer Frage (Coaches lieben gute Fragen) an seine Jünger. Seine Frage lautet: »Wo ist euer Glaube?« (Markus 4,40; BB). Das Wort, das man hier für Glauben im Griechischen verwendet, nennt sich πιστεύω (pisteuein), und das heißt auch so viel wie »vertrauen, sich anvertrauen, sich auf jemanden verlassen«!

INS HANDELN KOMMEN

Vertrauen ist die Antwort. Ohne angemessenes Vertrauen kein Lerneffekt für den Coachee, das heißt hier: die Jünger. Jesus könnte also auch gefragt haben: »Hey Jungs, was ist los? Steht unser Bund noch?« Jesus ist Coach! Er hält sich im Hintergrund, lässt Ängste (Sorgen, Gedanken, Nöte) entstehen, greift nicht vorzeitig ein oder verhindert sie gar, sondern wartet, bis wir in Aktion kommen und handeln. Dann sorgt er erst mal für Klärung der Situation und dreht sich danach zu seinen Jungs und fragt: »Männers, wie steht's mit dem Glauben, dem Bündnis, sind wir noch close miteinander?« Und ich freu mich auf den Moment, wenn Jesus mich und dich freundschaftlich schmunzelnd anzwinkert und fragt: »Na, Heiko (oder Holger, Alex, Malte, Sören ... wie immer du auch heißt), alles roger mit uns? Steht unser Deal noch, vertraust du mir inmitten deiner Lebensstürme?«

HANDGRIFFE & LEITERSPROSSEN

NACHLESEN UND WEITERDENKEN

Lies die ganze Geschichte in Markus 4,35-41. Überlege dann:

- In welchen Stürmen steckst du gerade?

- Was hat dir in deinen Lebensstürmen geholfen?

- Wem vertraust du in den Stürmen deines Lebens?

ENERGIERIEGEL & WASSERFLASCHE

ANHÖREN

Nimm das Lied »Sei mein Licht« mit in deine Woche:
www.youtube.com/watch?v=i15qA04Lkhs

HEIKO KIENBAUM

»MIT GOTT UNTERWEGS ZU SEIN BEDEUTET NICHT, VON STURM UND STEINSCHLAG VERSCHONT ZU BLEIBEN.«

Bibelstelle: Lukas 8,23

»Plötzlich wühlte ein Sturm den See auf« (Lukas 8,23; BB). Diese Worte las ich in meiner polnischen Taschenbibel auf einer Bank sitzend in Westberlin im Jahr 1988. So viele wichtige Grundsteine meines Lebens wurden damals gleichzeitig erschüttert. So viel Ungewissheit in der Fremde einer Weltmetropole. Und als Nebenerscheinung kam der nagende Zweifel hoch in mir: Ein guter Gott, den ich zwei Jahre vorher als liebenden Vater kennengelernt hatte, würde doch die sich türmenden Schwierigkeiten nicht zulassen und auch nicht so führen?

AUS DER SICHERHEIT IN DEN STURM

Als Hochzeitreise getarnt verließen wir kurz nach unserer Hochzeit und kurz vor dem Studienabschluss die Sicherheit unserer Familien und die Privilegien. Wir wussten, es wird steinig, es wird hart. Aber auf so viel Abenteuer waren wir nicht vorbereitet. Unsere Familien in Polen kamen mit dem ungerechten System gut zurecht, wir waren dort behütet und durch unsere Eltern gut versorgt. Aber wir wollten selbstständig sein, wir wollten Freiheit, wir wollten Glaubensfreiheit. Es war uns wichtig, uns zu unserem Gott offen bekennen zu dürfen. Unsere kirchliche Hochzeit in Polen musste im Schutz der Dunkelheit auf einem Dorf mit einer Handvoll ausgewählter Freunde stattfinden.

Nun waren wir unserem goldenen Käfig der sozialistischen Realität entkommen und mit viel Hoffnung, Glauben und Jugendelan in die Freiheit des Westens gestartet. Jetzt waren wir frei – aber auch so gut wie mittellos und quasi obdachlos. Wir beantragten kein Asyl, bekamen daher auch kein Geld vom Staat. Die Sprache war fremd, ein Telefonat mit Freunden viel zu teuer. Der Papierkrieg mit den Behörden zog sich über Monate und schien nicht zu gewinnen zu sein. Allein die Fahrkarte für die U-Bahn zur Ausländerbehörde, um wieder nur die Standartantwort der Beamten zu hören, tat uns finanziell sehr weh. Die Wellen türmten sich um uns, und wir dachten schon, wir würden zurückgehen müssen.

Uns erging es wie den Jüngern im Boot. Und jetzt, auf der Bank diese Geschichte lesend, spürte ich plötzlich Trost. Es war, als stünde Jesus in meinem Boot. Aber nicht nur das. Die Bibelstelle schien eine direkte

Antwort auf meine Frage, die ich Gott im Gebet gestellt hatte: »War es falsch, nach Deutschland zu kommen? Habe ich ohne Gottes Mandat eigenmächtig und selbstsüchtig gehandelt, und sind nun die Probleme als Konsequenz zu tragen?«

FRIEDE IM STURM

Ein tiefer Friede ergriff mich plötzlich mitten in der großen inneren Unruhe. Tief im Herzen wusste ich: Die Schwierigkeiten waren wie der ungeheure Sturm um das Boot mit den Jüngern und Jesus herum. Ich war im Einklang mit Gott unterwegs. Das war eine große Erleichterung. Mit Gott unterwegs zu sein bedeutet nicht, von Sturm auf dem Wasser oder Steinschlag am Berg verschont zu bleiben. Als ich von der Bank aufstand, waren die Wellen nicht weg. Es dauerte noch Monate, bis wir endlich aus dem schwierigen Fahrwasser draußen waren. Aber ich lernte: Wer mit Gott unterwegs ist, hat nicht immer bessere Lebensumstände, aber er ist besser dran, denn er hat jemanden an seiner Seite mitten im Sturm.

HANDGRIFFE & LEITERSPROSSEN

NACHDENKEN

- Worüber kann ich mich dennoch freuen, auch wenn ich gerade mitten in einem Sturm stecke?

VERINNERLICHEN

Mache dir den folgenden Gedanken von Leo Tolstoi zu eigen: »Die Aufgabe des Lebens, seine Bestimmung ist Freude. Freue dich über den Himmel, über die Sonne, über die Sterne, über Gras und Bäume, über die Tiere und die Menschen« (Leo Tolstoi).

ENERGIERIEGEL & WASSERFLASCHE

WEITERLESEN

»Die 7 Wege zur Effektivität: Prinzipien für persönlichen und beruflichen Erfolg« von Stephen R. Covey.[23] Hier findest du hilfreichen Lesestoff, um in den beruflichen Untiefen und Gegenwinden Kurs zu halten.

DARIUS GÖTSCH

»ERST GANZ AM ENDE WERDE ICH MEHR VERSTEHEN!«

Bibelstellen: Lukas 24,28-35

Es ist Feuerwehrfest. Auf dem gefüllten Vorplatz vor dem Feuerwehrhaus des 250-Einwohner-Ortes wird ein neues Auto eingeweiht, und den Feuerwehrleuten soll der Segen Gottes zugesprochen werden. Meine Frau hält das Liederbuch und den Ordner mit den Worten in der Hand. Es ist windig, daher flattern die Seiten dauernd hin und her und erschweren das Lesen. Da tritt ein Mann an ihre Seite, greift beherzt zu und nimmt das Liederbuch. Meine Frau lächelt ihn dankbar an, als er es für sie festhält. Ich erkenne den Mann! »Das ist der Bürgermeister!«, flüstere ich. Meine Frau nickt nur. Ich spreche etwas lauter: »Das ist der Bürgermeister!« Meine Frau nickt wieder, rollt leicht mit den Augen und grinst verlegen.

UNTERWEGS SEIN UND REDEN

Die beiden Jünger aus Emmaus scheinen die Gemeinschaft, das Zusammensein mit dem Fremden, genossen zu haben. Es ist Abend und wird dunkel. Sie wollen die Begegnung fortsetzen, gemeinsam mit dem Mann essen und reden. Mit dem Fremden, der ihnen erklärt oder sie vielmehr daran erinnert hat, warum Jesu Leiden notwendig gewesen ist. Beim Essen passiert es dann! Sie erkennen den Mann – oder er gibt sich ihnen zu erkennen: Es ist Jesus, der Schriftausleger und Gesprächsthema unterwegs zugleich gewesen war.

Blicke ich um mich herum in unsere Welt, lese ich über Kriege, höre Berichte über Inflation … und merke, dass wir viele Fragen und wenige Antworten haben. Wieso geschehen bestimmte Dinge? Wie sollen wir reagieren? Und wo steckt Gott in dem allen? Aber ich spüre auch, dass sich Widerstand gegen den zunehmenden Rassismus in Deutschland regt. Ich höre, wie sich die Bevölkerung für das Einhalten des 1,5-Grad-Zieles einsetzt.

Die Bibel berichtet, dass es den Jüngern zunächst nicht möglich ist, Jesus zu erkennen – so, »als ob ihnen jemand die Augen zuhielt« (Lukas 24,16; BB). Diese Unfähigkeit zu erkennen wird in dem Moment überwunden, in dem Jesus das Brot bricht und die Jünger ihn wiedererkennen. Ihnen wird deutlich, dass sie auch etwas Besonderes gespürt hatten, als der Mann sie auf dem Weg gelehrt hatte. Das Erkennen wird ihnen aber erst im Nachhinein möglich, am Tisch zusammen mit Jesus. Momentan merke ich, dass ich viele Dinge um mich herum nicht verstehe. Und ich lerne auf dem Weg nach Emmaus: Erst ganz am Ende werde ich mehr verstehen! Erst am Ende »fiel es ihnen wie Schuppen von den Augen, und sie erkannten ihn« (Lukas 24,31; BB).

BEZIEHUNG WAGEN UND LEID TEILEN

»Geteiltes Leid ist halbes Leid«, sagt der Volksmund. Und mir scheint, dass das auch bei den Jüngern der Fall war. Sie waren gemeinsam unterwegs, haben Zeit miteinander und mit dem Fremden verbracht. Sie haben sich auf die Suche nach Antworten gemacht, Fragen und fehlende Antworten ausgehalten, haben hingehört und manches Bekannte neu gehört.

Sie haben Gemeinschaft geteilt und einander getragen. Deshalb möchte ich mir heute sagen: »Ich bin nicht allein!« Und: »Das ist übrigens der Bürgermeister!«, habe ich meiner Frau zugeflüstert. Manchmal ist es wichtig, sich daran zu erinnern: Da steht jemand neben dir! Das ist übrigens Jesus! Ich wünsche mir eine Nachfolge, die vom Ende her und auf das Ende hinlebt und die vom Miteinander-Unterwegssein gekennzeichnet ist.

HANDGRIFFE & LEITERSPROSSEN

NACHDENKEN

- Denke in dieser Woche an eine Situation, in der sich Jesus dir erst im Nachhinein zu erkennen gegeben hat.

- Für was bist du rückblickend dankbar?

- In welcher aktuellen Situation darfst du dir selbst zusagen: »Da ist übrigens Jesus!«?

- Wie kannst du eine Nachfolge leben, die vom Ende her und auf das Ende hinlebt?

ENERGIERIEGEL & WASSERFLASCHE

SCHMUNZELN

Es war einmal ein Mann, der am Ertrinken war. Da fuhr ein Boot vorbei, und die Insassen fragten ihn: »Hey, sollen wir dich mitnehmen?« Er antwortete: »Nein, der liebe Gott wird mich retten.« Und sie fuhren weiter. Dann kam ein zweites Boot vorbei, die fragten wieder: »Sollen wir dich retten?« Er meinte noch einmal: »Nein, der liebe Gott wird mich retten.« Auch dieses Boot fuhr weiter, und wenig später ertrank der Mann. Als er dann beim lieben Gott oben war, fragte er ihn: »Warum hast du mich nicht gerettet?!« Er antwortete: »Ich habe dir zwei Boote geschickt, du Blödi.«

ANSCHAUEN

Filmtipp zum Entspannen: »Das Streben nach Glück« mit Will Smith[24]

ULRICH MANG

»ES WAR SCHLICHTWEG MOBBING, DAS WUSSTE DAMALS NUR NOCH NIEMAND.«

Bibelstelle: Johannes 8,7

Ich war etwa siebzehn Jahre alt, als ich zusammen mit ein paar Freunden unterwegs war. Es war ein feuchter Herbstabend und schon dunkel. Hinter uns wurden Stimmen lauter, von ein paar Typen etwa in unserem Alter. Im Gegensatz zu uns hatten sie offensichtlich schon einiges an Alkohol konsumiert. Auf jeden Fall war die Flasche, die von hinten auf uns zuflog und zwischen uns zerschellte, bereits leer. Was folgte, war ein Handgemenge, bei dem ich einen Schlag ins Gesicht abbekam. Während wir die Konfrontation auf die männliche Weise lösen wollten, klingelte die einzige weibliche Person in unserer Gruppe geistesgegenwärtig beim nächsten Haus Sturm, was die Angreifer wohl eher in die Flucht geschlagen hat als unsere mäßigen Kämpfer-Qualitäten …

GEMOBBT

Was blieb, war ein Gefühlscocktail von Hilflosigkeit, Ausgeliefertsein, Ohnmacht und erlebter Ungerechtigkeit. »Ich bin Opfer geworden« – so fühlte sich das also an. Ich war vorher noch nie Opfer physischer Gewalt gewesen, aber irgendwoher kannte ich dieses Gefühl – hatte mich etwa schon vorher jemand mit Flaschen oder Steinen beworfen?

Ja, ich glaube, auf meine Teenie-Seele wurden einige Steine geworfen. Mit etwa zwölf habe ich eine Brille bekommen, mit regelrechten Glasbausteinen im wunderbaren Stil der frühen 80er: »Brillenschlange!«, rief man mir hinterher. Dann kam die Akne, ein tolles zusätzliches Alleinstellungsmerkmal für mich dürren, bebrillten Hänfling: »Pickelface!« Hänseleien, Späße auf der täglichen Busfahrt – »Das macht doch nix, wenn ich deine Mütze aus dem Fenster werfe!« oder »Sollen wir mal Jans Ranzen auskippen?« – waren an der Tagesordnung. Alles Steinwürfe, alles Volltreffer, aber es schien ja normal zu sein. »Da muss man halt durch!«, »So schlimm ist das doch auch wieder nicht«, bekam ich zu hören. Doch, es war schlimm! Es war schlichtweg Mobbing, das wusste damals nur noch niemand, und eine Anlaufstelle für Mobbingopfer gab es auch nicht.

Dann gab es auch noch die subtilen Steinwürfe: kein Mobbing in diesem Fall, aber Erwartungen und unausgesprochene Regeln und Gesetze aus meinem frommen Umfeld. Bestes Beispiel: Selbstbefriedigung – ohne Worte wurde mir vermittelt: Es ist etwas Schlechtes, Verdorbenes, es ist nicht gut für deine Entwicklung und dein zukünftiges Sex-Life. Und nebenbei kam diese unmissverständliche Info rüber: Gott findet das übrigens auch ganz doof! Ich hab's damals geglaubt. Volltreffer – diesmal unter der Gürtellinie.

Und Jesus – hat er mitgeworfen? Teilweise fühlte es sich so an. Heute weiß ich, dass er es nicht getan hat; es waren einige seiner Nachfolger, die da etwas gründlich missverstanden haben, denn er sagte ihnen: »Wer von euch ohne Sünde ist, der soll den ersten Stein auf sie werfen« (Johannes 8,7).

BEFREIT

Szenenwechsel. Es ist Abend, ich stehe an einem einsamen Strand im Norden Dänemarks. Ich bin bewaffnet mit Steinen, beschrifteten Steinen: Von »Brillenschlange« über »Pickelface« bis zu Lügen zum Thema Selbstbefriedigung sind da so einige dicke Brocken dabei. Ich darf sie wegwerfen, so weit ich kann, ins Meer! Das ist befreiend. Und ich darf das jederzeit wiederholen, wenn diese alten Themen wieder hochkommen wollen. Inzwischen reicht es mir auch, in Gedanken Steine zu werfen, dann sind wenigstens keine (Meeres-)Tiere oder Spaziergänger gefährdet.

HANDGRIFFE & LEITERSPROSSEN

NACHDENKEN

- Wahrscheinlich fallen auch dir Themen und Verletzungen ein,
  die du loswerden möchtest. Finde heraus, was dir dabei hilft.
  Vielleicht ist es auch bei dir eine bildhafte Aktion wie Steine
  werfen, etwas verbrennen oder etwas schreddern oder …

ENERGIERIEGEL & WASSERFLASCHE

MACHEN

Oft ist so eine Aktion gut, wenn sie eingebettet im
Rahmen eines Coachings oder einer seelsorgerlichen
Begleitung, in einer (Männer-)Gruppe oder mit einem
guten Freund geschieht – kennst du schon dein
Format? Meine Empfehlung: DIE Männerreise –
Abenteuer Identität (https://die-männerreise.de/).

JAN SCHULTE

»JESUS NACHZUFOLGEN, STELLT MEIN LEBEN IN EIN NEUES LICHT.«

Bibelstelle: Johannes 8,12

Vor zweiundvierzig Jahren habe ich das Licht der Welt erblickt. Wort-wörtlich! Meine Eltern erzählen mir noch heute begeistert, wie ich bei der Geburt völlig erstaunt nach dem Licht im Kreißsaal Ausschau gehalten habe.

Schon als kleiner Junge habe ich biblische Geschichten gehört. Eines der ersten Bibelworte, das ich auswendig gelernt habe, war dieser Vers aus dem Johannesevangelium: »Jesus spricht: Ich bin das Licht der Welt. Wer mir nachfolgt, der wird nicht wandeln in der Finsternis, sondern wird das Licht des Lebens haben« (Johannes 8,12; LUT). Was ich damals nicht wusste: wie sehr dieser Bibelvers mich in meinem Leben begleiten würde.

KEINESFALLS!

Nun bin ich seit fast fünfzehn Jahren evangelischer Pfarrer. Und die Worte aus Johannes 8 spreche ich beinahe jede Woche: wenn eine Familie tief bewegt die Taufkerze ihres Kindes anzündet. Wenn im Gottesdienst an gerade gestorbene Menschen gedacht wird – meist im hohen Alter, manchmal auch viel zu jung aus dem Leben gegangen. Oder wenn wir uns die Hände reichen als Zuspruch und Stärkung nach dem Abendmahl. Eine Frau, die regelmäßig in den Gottesdienst kommt, sagt mir, dass sie fast jedes Mal, wenn ich das Bibelwort spreche, eine Gänsehaut bekommt. Die Worte gehen sehr tief. Wörtlich übersetzt heißt es da sogar: »Wer mir nachfolgt, wird keinesfalls in der Finsternis leben.«

Aber halt! Die Erfahrung scheint dem auf den ersten Blick doch voll zu widersprechen. Auf der Klettertour des Lebens geraten wir sehr wohl in finstere Höhlen. Mir fällt sofort der Tod meines Schwiegervaters ein. Er starb mit fünfzig Jahren – nur drei Monate nach der Diagnose Krebs. Und ein guter Freund musste am vergangenen Weihnachtsfest um das Leben seiner schwerstbehinderten Tochter bangen. Jeder kennt dunkle Zeiten, vielleicht auch tiefe Trauer im Leben. Eine gescheiterte Beziehung. Eine zerbrochene Freundschaft. Die Coronapandemie war für viele eine solche dunkle Zeit. Nicht zu wissen, wie es weitergeht. Kein sicherer Steigbügel zu erkennen, isoliert von anderen, kaum Kontakt und echte Berührung. Wie ein Kauern in einer dunklen Berghöhle – voll ausgebremst.

Jesus verschweigt die Dunkelheit nicht, er kennt sie selbst. Er schwitzt aus Todesangst in der dunklen Nacht im Garten Gethsemane kurz vor seiner Verhaftung Blut und Wasser (Lukas 22,44). Und er betet im Garten gegen die Angst und sucht sich Hilfe bei Freunden. Je mehr ich darüber nachdenke, umso mehr frage ich mich: Wenn selbst Jesus sich Hilfe sucht, warum mache ich Dinge dann so oft mit mir alleine aus? Warum bete ich nicht öfter und vertraue mich Freunden an?

VON NIEMANDEM ZU NEHMEN!

Das Leben kann verdammt unbarmherzig, dunkel und kalt sein. Aber gerade dann ist es wichtig, den Blick immer wieder neu darauf zu legen, dass es noch eine ganz andere Realität gibt: das Licht dieser Welt, das mir niemand und nichts nehmen kann – auch nicht Krankheit und Tod. Jesus nachzufolgen, stellt mein Leben in ein neues Licht. Das macht weiß Gott nicht alles automatisch gut, aber es kann mir helfen, manches besser auszuhalten, bis ich aus meiner Höhle herauskriechen und mutig weiterklettern kann.

HANDGRIFFE & LEITERSPROSSEN

NACHDENKEN

- Wann hast du das letzte Mal in einer dunklen Höhle gekauert?

- Wem hast du dich anvertraut bzw. wem kannst
  du dich beim nächsten Mal anvertrauen?

- In welcher Situation hat ein Gebet dir geholfen und
  neue Kraft gegeben? Welche Gebete, welchen Psalm
  legst du dir bereit für dunkle Tage und Stunden?

ENERGIERIEGEL & WASSERFLASCHE

VERINNERLICHEN

Ein ermutigendes Glaubensbekenntnis von Dietrich
Bonhoeffer, das ich dir zum Nachsprechen empfehle:

**Ich glaube, dass Gott aus allem, auch aus dem Bösesten, Gutes
entstehen lassen kann und will. Dafür braucht er Menschen, die
sich alle Dinge zum Besten dienen lassen.**

**Ich glaube, dass Gott uns in jeder Notlage so viel Widerstands-
kraft geben will, wie wir brauchen. Aber er gibt sie nicht im
Voraus, damit wir uns nicht auf uns selbst, sondern allein auf
ihn verlassen. In solchem Glauben müsste alle Angst vor der
Zukunft überwunden sein.**

**Ich glaube, dass auch unsere Fehler und Irrtümer nicht vergeb-
lich sind und dass es Gott nicht schwerer ist, mit ihnen fertig zu
werden, als mit unseren vermeintlichen Guttaten.**

**Ich glaube, dass Gott kein zeitloses Fatum ist, sondern dass er
auf aufrichtige Gebete und verantwortliche Taten wartet und
antwortet.**[25]

MARKUS EICHLER

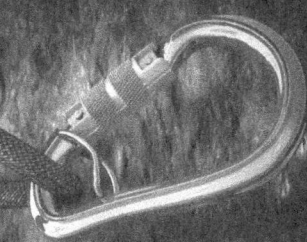

»TRAUER IST EIN AUSDRUCK VON LIEBE.«

Bibelstelle: Johannes 11,36

Als Pfarrer hatte ich unzählige Male an einem Grab gestanden. Jetzt war alles anders. Es war unser erstes Kind, das wir am 13. Januar 2015 begraben mussten. Emmas Herz hatte im 8. Monat der Schwangerschaft plötzlich und unerwartet aufgehört zu schlagen.

PLÖTZLICH UND UNERWARTET

An der einen Hand hielt ich meine Frau, in der anderen ein kleines Holzkreuz, das ich an diesem kalten Wintertag in meiner Manteltasche trug. »Plötzlich und unerwartet« – bis zu diesem Tag hatte ich diese Worte nie in ihrer Tiefe begriffen. Wie oft hatte ich als Seelsorger versucht, Trauernde mit Worten zu trösten. Im Rückblick betrachtet, hatte ich dabei wie ein Blinder von der Farbe gesprochen. Aber jetzt war ich selbst ein Trauernder geworden. Während unsere Freunde Windeln und Babykleidung kauften, standen wir in der Drogerie und kauften Taschentuchpackungen, so viele wir tragen konnten. Dass Tränen zur Trauer gehören, wusste ich, aber dass Trauer so viele Tränen kosten kann, war mir nicht bewusst. Immer wieder kamen mir die Tränen: manchmal unkontrolliert im Supermarkt, manchmal unterwegs im Auto, zu Hause oder auf dem Friedhof. Irgendwann wurden die Tränen weniger, aber die Trauer begleitet mich bis zum heutigen Tag.

Ich denke an die Tränen, die ein Mann in Israel vergossen hat. Kein Geringerer als Jesus selbst. Mit voller Wucht wird er mit dem Tod seines Freundes konfrontiert, und was tut er? Er weint. Das ist nicht gerade das, was man von ihm erwartet. Aber der Tod seines Freundes Lazarus stürzt ihn in Trauer. Ich weiß gar nicht, warum mich sein Weinen so tief berührt. Vielleicht, weil es Jesus so menschlich zeigt oder weil mir das Gefühl überwältigender Trauer schlicht und einfach so vertraut ist? Am meisten bewegt mich, wie die anderen darauf reagieren. »Seht, wie sehr er ihn geliebt hat« (Johannes 11,36), staunen sie und begreifen dabei, was Trauer bedeutet: Sie ist ein Ausdruck der Liebe!

Während ich das schreibe, frage ich mich, warum das so schwer zu begreifen ist. Wenn ein Verliebter seiner Angebeteten eine Rose schenkt, wird das gesellschaftlich akzeptiert. Mit Trauer verhält es sich anders: Wenn einem Angehörigen die Tränen kommen, wird schnell das Thema gewechselt oder verwundert gefragt: »Ist es denn immer noch so schlimm?« Als dürfe Trauer nicht sein, versucht man, sie mit billigen Ratschlägen blitzschnell beiseitezuschieben, als wäre sie ein Feuer, das es zu löschen gilt. »Du findest wieder eine Neue«, sagt man verwitweten Männern, und verwaiste Eltern hören Sätze wie »Ihr könnt ja noch mal Kinder bekommen«.

AUSHALTEN UND MITWEINEN

Wie schön wäre es, wenn wir Trauer doch einfach nur aushalten und in ihr das sehen könnten, was sie wirklich ist: ein Ausdruck von Liebe! »Seht, wie sehr er ihn geliebt hat« – dieser Ausruf ist für mich zum Karabiner geworden, weil er mir hilft, die Trauer auszuhalten: die Trauer in meinem Herzen und die Trauer der anderen. Sie ist nichts, wofür man sich schämen muss, sie ist das, was sie ist: ein Ausdruck der Liebe. Wie gut, dass es schon damals Menschen gab, die das begriffen haben.

HANDGRIFFE & LEITERSPROSSEN

NACHDENKEN

- In ihrem Buch »Dieser Schmerz zerreißt mir fast das Herz«[26] beschreibt Diana Mirtschink die unterschiedlichsten Trauerreaktionen. Von Angst über Kraftlosigkeit bis hin zum Zorn ist alles dabei.

- Welche Trauerreaktion hast du bei dir oder anderen schon einmal erlebt?

- War es schwer, sie auszuhalten? Warum (nicht)?

ENERGIERIEGEL & WASSERFLASCHE

ANSCHAUEN

In einem bewegenden Interview spricht der Notfallseelsorger Stefan Bitzer über die Trauer um seine Ehefrau Andrea: »Ich konnte nicht Abschied nehmen.« Er verliert zehn Tage nach einer niederschmetternden Diagnose seine Ehefrau. www.youtube.com/watch?app=desktop&v=FB8z5aoomRo

OLIVER HELMERS

»JESUS BRAUCHT KEINE VORZEIGE-CHRISTEN. ER BRAUCHT EHRLICHE KERLE.«

Bibelstelle: Johannes 21,15-17

Petrus hatte es mal wieder versemmelt. Er, der Jünger mit der größten Klappe von allen. Er, der getönt hatte, Jesus dürfe nichts geschehen und dass er anstelle seines Meisters sterben wolle. Doch dann, in der Nacht, als Jesus verhaftet wurde, hatte er ihn verleumdet. Dreimal. Er kenne ihn nicht, hatte er behauptet. Was für eine Schmach! Und dann wurde Jesus ermordet. Nichts ist tragischer und schwerer auszuhalten, als wenn sich Trauer mit Schuld mischt. Du kannst bereuen, soviel du willst, der Tod ist endgültig, mit deinem Versagen bleibst du allein zurück.

FISCH ZUM FRÜHSTÜCK

Oder doch nicht? Am See Genezareth begegnet Petrus dem Auferstandenen. Der serviert erst mal Fisch. Dann nimmt Jesus Petrus zur Seite (Johannes 21,15-17).

Nach dem Frühstück sagte Jesus zu Simon Petrus: »Simon, Sohn des Johannes, liebst du mich mehr als die anderen?« Petrus erwiderte: »Ja, Herr, du weißt, dass ich dich lieb habe.« Jesus sagte: »Dann weide meine Lämmer.« Jesus wiederholte die Frage: »Simon, Sohn des Johannes, liebst du mich?« Petrus antwortete: »Ja, Herr, du weißt, dass ich dich lieb habe.« Jesus sagte: »Dann hüte meine Schafe.« Noch einmal fragte er ihn: »Simon, Sohn des Johannes, hast du mich lieb?« Petrus wurde traurig, weil Jesus die Frage zum dritten Mal stellte, und sagte: »Herr, du weißt alles. Du weißt, dass ich dich lieb habe.« Jesus sagte: »Dann weide meine Schafe.«

Ganz persönlich, von Mann zu Mann, von Gott zu Mensch, redet Jesus mit Petrus. Ohne Vorwurf. Doch mit einer unverkennbaren Parallele zur Nacht des Versagens: Dreimal stellt er Petrus eine Frage. Und dreimal geht es nicht um Schuld und Sühne, um Unterlassenes und Versäumtes, um Bekennen und Bereuen. Vielmehr geht es Jesus um das Herz von Petrus. »Hast du mich lieb?«, fragt er. Petrus traut sich kaum zu antworten, das Versagen trübt seinen Blick. Doch ist nicht schon die Trauer über den Verrat ein Zeichen seiner Liebe zu Jesus? Wenn Schuld uns schmerzt, ist uns die Person, an der wir schuldig geworden sind, zumindest nicht egal.

Jesus macht klar: Mich interessiert nicht deine Schuld – Menschen werden schuldig, und bin ich nicht genau dafür gestorben? –, mich interessiert deine Liebe. Denn wenn du mich liebst, dann kannst du auch andere Menschen lieben. Dann kann ich dir meine Herde anvertrauen, meine Gemeinde, deine Brüder und Schwestern. Und mehr noch: Dabei kann dir die Nacht der Verleumdung sogar eine Hilfe sein. Du wirst sie lieben, auch wenn sie versagen, wenn ihre Fehler wieder und wieder zum Vorschein kommen. Denn du hast Barmherzigkeit erlebt, deswegen kannst du gnädig und barmherzig sein.

Jesus braucht keine Vorzeige-Christen. Er braucht ehrliche Kerle. Versager mit Herz, die bereit sind, an Fehlern nicht zu verzweifeln, sondern Gott und Menschen zu lieben und ihm nachzufolgen. Männer, die Ja sagen zu ihrer Berufung. Mich lässt das aufatmen. Und ich bin gerne dabei.

HANDGRIFFE & LEITERSPROSSEN

NACHDENKEN

- Gibt es Punkte in deinem Leben, an denen du wieder und wieder innerlich hängen bleibst, weil du versagt hast und es nicht ungeschehen machen kannst? Mit wem kannst du darüber ins Gespräch kommen?

- Bei wem solltest du dich entschuldigen, solange dies noch möglich ist?

- Welche Aufgabe willst du schon lange angehen, fühlst dich bisher aber nicht »würdig« genug dafür?

ENERGIERIEGEL & WASSERFLASCHE

ANSCHAUEN UND WEITERLESEN

Mir helfen Biografien von Menschen, die ehrlich sind, auch in Bezug auf ihr eigenes Versagen. Johnny Cash ist ein gutes Beispiel: Film: »Walk the Line«[27], Buch: »Meine Arme sind zu kurz, um mit Gott zu boxen«[28].

ANHÖREN

In unserem Podcast »Wegfinder. Jesus folgen in einer komplexen Welt« versuchen Jörg Dechert und ich, (möglichst) ehrlich über viele Themen zu sprechen. www.erf.de/hoeren-sehen/podcasts/wegfinder/52501

BETEN

Wenn ich – mal wieder – an etwas gescheitert bin, lese ich Psalm 51, den David nach seinem Ehebruch mit Bathseba geschrieben hat.

UWE HEIMOWSKI

»AM ENDE ALLER MENSCHLICHEN HOFFNUNG BEGINNEN GOTTES MÖGLICHKEITEN.«

Bibelstelle: Apostelgeschichte 27,24

Nach Jahren enormer Aktivität war er nun schon länger auf dem »Abstellgleis«, zumindest sah es so aus: mit besten Absichten nach Jerusalem gekommen, dort verhaftet unter echt miesen Anschuldigungen, von einem korrupten Richter abhängig und in einen verschleppten Prozess verwickelt und jetzt unterwegs mit einem römischen Gefangenentransport zum kaiserlichen Gericht in Rom. Alles eigentlich schon schlimm genug, aber dann kommt noch ein gewaltiger Herbststurm auf dem Mittelmeer dazu. Hätte er sicher gern ausgelassen! Die Matrosen hatten alles unternommen, um das Schiff zu sichern. Aber viele Tage Orkan bedeuten eben auch: Sonne weg, Sterne weg und damit alle Navigationsmöglichkeiten futsch. Eine rundum hoffnungslose Situation ... das Lebensende ist deutlich in Sicht.

AM ENDE DER HOFFNUNG

Doch dann ergreift der Apostel Paulus, von dem hier die Rede ist, das Wort und macht den knapp 300 Menschen an Bord Mut: »Lasst den Mut nicht sinken. Keiner von euch wird sein Leben verlieren, obwohl unser Schiff untergehen wird« (Apostelgeschichte 27,22). Na, wenn das wahr sein könnte! Dann berichtet Paulus, woher er das so genau weiß. Irgendwo auf dem Meer, mitten im Sturm, in völliger menschlicher Orientierungslosigkeit wusste sein Gott ihn ohne jeden Aufwand zu finden: »Letzte Nacht stand ein Engel des Gottes, dem ich gehöre und dem ich diene, neben mir und sagte: ›Hab keine Angst, Paulus, denn du wirst auf jeden Fall vor dem Kaiser vor Gericht stehen! Und Gott in seiner Güte hat jedem sicheres Geleit zugesagt, der mit dir segelt‹ (Apostelgeschichte 27,23-24). Am Ende aller menschlichen Hoffnung beginnen Gottes Möglichkeiten – für Paulus und die anderen!

Wenig später gelingt es, das Schiff in einer Bucht der Insel Malta auf Land laufen zu lassen. Auch wenn vom Schiff nur Trümmer bleiben, werden alle gerettet und kommen irgendwie an Land. Auch dort gibt es Herausforderungen: Als Paulus Feuerholz sammelt, wird er von einer giftigen Schlange gebissen. Nichts scheint dem Mann erspart zu bleiben! Doch entgegen allen Erwartungen der Insulaner fällt er nicht tot um, sondern überlebt. Er dient den Menschen der Insel, bis es einige Monate später mit einem anderen Schiff weitergeht und er schließlich nach Rom kommt, so wie Jesus es ihm zugesichert hatte (Apostelgeschichte 23,11).

Ein Ausschnitt aus der bewegten Biografie des Paulus und ein tröstlicher Abschnitt in Gottes Wort. Auch wenn wir nicht Paulus sind und keine besondere Verheißung haben, ist der Gott des Paulus auch heute noch da, auch bei dir und mir. Und das nicht nur, wenn eh alles gut und einigermaßen nach Plan läuft. Nein, auch in unseren Stürmen, wenn manches, vieles oder sogar alles zu Bruch geht, wenn die Segel zerfetzt sind und wir so eben noch davonkommen, wenn es mehr als ungemütlich nasskalt ist und wir uns nur noch irgendwie durchwursteln, auch in unseren orientierungslosen Nächten (und Tagen), und wenn das Leben dann noch in der einen oder anderen Form richtig giftig zubeißt ... auch dann weiß Gott dich und mich zu finden und hat uns längst im Blick. Vielleicht wird alles relativ schnell wieder »gut«, wie wir es uns vorstellen.

GOTT IN DEN SCHWIERIGKEITEN ERFAHREN

Vielleicht bleibt es schwierig, so wie bei Paulus, der als Gefangener von Malta aufbricht und einem Prozess entgegengeht. Gott bewahrt uns nicht vor Schwierigkeiten, sondern geht mit uns durch sie hindurch. Und vielleicht werden wir in alldem auch unseren »Mitreisenden«, den Partnerinnen, Kindern, Freunden, Nachbarn, Verwandten, Kollegen und anderen, zum Segen.

HANDGRIFFE & LEITERSPROSSEN

NACHDENKEN

· Wie waren oder sind deine Stürme? Was hat getragen, was nicht? (Wie) Hat Gott geholfen?

· Welche Begleitung oder Unterstützung von anderen Menschen hättest du gerne gehabt?

· Bei wem in deinem Umfeld stürmt es gerade mächtig? Wer braucht deine Hilfe? Wie kann das heute konkret werden?

ENERGIERIEGEL & WASSERFLASCHE

ANSCHAUEN

Begleite den Apostel Paulus im Schiffbruch.
Die Playmobilerzählung kann man gut mit den
Kindern oder Enkeln anschauen: www.youtube.
com/watch?app=desktop&v=6bnFntHhi0w

BETEN

Bete mit Worten von Dietrich Bonhoeffer:

Vater im Himmel,
Lob und Dank sei dir für die Ruhe der Nacht,
Lob und Dank sei dir für den neuen Tag,
Lob und Dank sei dir für alle deine Güte und Treue
in meinem vergangenen Leben.
Du hast mir viel Gutes erwiesen,
lass mich nun auch das Schwere
aus deiner Hand hinnehmen.
Du wirst mir nicht mehr auferlegen, als ich tragen kann.
Du lässt deinen Kindern alle Dinge zum Besten dienen.

Herr Jesus Christus,
du warst arm und elend, gefangen und verlassen wie ich.
Du kennst alle Not der Menschen,
du bleibst bei mir, wenn kein Mensch mir beisteht,
du vergisst mich nicht und suchst mich,
du willst, dass ich dich erkenne und mich zu dir kehre.
Herr, ich höre deinen Ruf und folge.
Hilf mir!

Heiliger Geist,
gib mir den Glauben,
der mich vor Verzweiflung und Laster rettet.
Gib mir die Liebe zu Gott und den Menschen,
die Hass und Bitterkeit vertilgt,
gib mir die Hoffnung,
die mich befreit von Furcht und Verzagtheit.[29]

DR. CHRISTOPH STENSCHKE

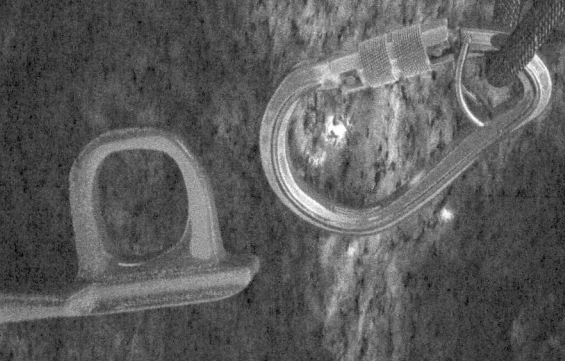

42. KNALL IN DER NACHTSCHICHT

»CHEF, WIR HABEN DA EIN PROBLEM ...«

Bibelstelle: Römer 8,28

Nachtschicht in der Bäckerei. Ich bin neunzehn Jahre alt und »frisch-gebackener« Bäckermeister. Der Umgang ist rau, die Kollegen, die mich einst ausbildeten, tun sich schwer damit, dass der »Bub frisch von der Schule« nun verantwortlicher Produktionsleiter ist. Auch der Seniorchef ist häufig eher schnippisch und lässt mich auflaufen. Wie das eben oft so ist in einem kleinen Handwerksbetrieb. So arbeite ich monatelang immer unter Druck, sitze sozusagen zwischen den Stühlen der Kollegen und der Chefs.

ALLER ANFANG IST SCHWER

So auch in dieser Nacht: Es herrscht arbeitsreiche, aber geordnete Betriebsamkeit. Die Anlagen laufen im Takt, der Ofen klingelt in regelmäßigen Abständen. Gesprochen wird nicht viel, gearbeitet dafür umso mehr. Schließlich muss das Brot pünktlich im Laden sein! Jeder weiß, was er zu tun hat, die Handgriffe sitzen. Eigentlich alles wie immer. Doch dann ist plötzlich alles anders: Krack – die Anlage für die Brötchen gibt einen dumpfen, aber lauten Ton von sich. Alles steht für einen Moment still. Ich blicke zu der Anlage, die der Mittelpunkt in unserer Halle ist. Sie macht keinen Mucks mehr. Alle Bänder im Inneren des Monstrums sind verschoben. Teig und Antriebsketten hängen nebeneinander in Fetzen herunter. Die Teigklumpen, die mein Kollege unten herauszieht, erinnern nicht im Entferntesten an wohlgeformte Brötchen. Die Anlage steht still, und mein Herz pocht wild. Tausend Gedanken durchzucken meinen Kopf wie Blitze. Wir sind davon abhängig, dass die Maschine läuft und Brötchen formt. Die Nachtschicht ist eng getaktet, die Kunden warten auf ihre Bestellung! Wie erkläre ich das meinem Chef? Diese Maschine ist eine der ersten großen Anschaffungen meines Lehrmeisters gewesen, als er den Betrieb mit viel Arbeit und eisernem Willen aufgebaut hat. Sie ist sein ganzer Stolz!

Ich atme kurz durch, gehe in einen Nebenraum. Plötzlich steht dieser Bibelvers vor meinem inneren Auge: »Wir wissen aber, dass denen, die Gott lieben, alle Dinge zum Besten dienen« (Römer 8,28; LUT). Und wie hat Papa immer gesagt? Die wichtigsten Wörter in Bibelversen sind die kleinen, unscheinbaren. Hier ist das wohl das Wörtchen »alle (Dinge)«. Also auch die Tatsache, dass die wichtigste Maschine nach dem Backofen gerade völlig zusammengebrochen ist. Ich bete und spreche aus, was ich anfangs zaghaft hoffe, dann fest glaube: Diese Situation muss mir zum Besten dienen! Ich nehme den Telefonhörer: »Chef, wir haben da ein Problem ...«

VERÄNDERT AUS DER KRISE

Minuten später steht mein Vorgesetzter in der Backstube. Kein Schreien, keine Kritik – nichts. Nur ein gnädiges Lächeln und der Satz, dass wir das schon wieder hinbekommen. Von diesem Zeitpunkt an habe ich ein komplett neues Verhältnis zu meinem Chef. Für mich ein kleines Wunder. Er unterstützt mich, wo er kann, und ich frage ihn um Rat in unzähligen Situationen, in denen ich nicht weiterkomme. Wir kombinieren seine Erfahrung mit meinem jugendlichen Eifer und arbeiten einige Jahre gut zusammen.

Heute, als Papa und Chef, hilft mir der Blick auf diesen Vers. Viele Situationen im Berufs- und Familienleben sind schwer. Sie bringen mich an meine Grenzen und oft auch darüber hinaus. Aber im Rückblick konnte ich schon manches Mal erkennen: Viel Gutes hat sich entwickelt, auch und gerade durch schwierige Umstände. »Denn alles muss zum Besten dienen dem, der da glaubt.« Danke, Papa!

HANDGRIFFE & LEITERSPROSSEN

BETEN

Worte von Dietrich Bonhoeffer für das
Abendgebet in dieser Woche:

Herr, mein Gott,
ich danke dir, dass du diesen Tag zu Ende gebracht hast.
Ich danke dir, dass du Leib und Seele zur Ruhe kommen lässt.
Deine Hand war über mir und hat mich behütet und bewahrt.
Vergib allen Kleinglauben und alles Unrecht dieses Tages
und hilf, dass ich allen vergebe, die mir Unrecht getan haben.
Lass mich in Frieden unter deinem Schutz schlafen
und bewahre mich vor den Anfechtungen der Finsternis.
Ich befehle dir die Meinen, ich befehle dir dieses Haus,
ich befehle dir meinen Leib und meine Seele.
Gott, dein heiliger Name sei gelobt.
Amen.[30]

ENERGIERIEGEL & WASSERFLASCHE

ANHÖREN

Noch mehr Geschichten aus der Backstube
gibt's hier: www.nachtschicht-podcast.de

INGMAR KRIMMER

»ES GEHT DARUM, EINER NEGATIVEN SITUATION GANZ BEWUSST ETWAS POSITIVES ENTGEGENZUSETZEN.«

Bibelstelle: Römer 12,21

»Wo kann ich hier im Bahnhof irgendetwas kaputt machen?« Spätestens, als mir dieser Gedanke durch den Kopf schoss, wusste ich, dass ich einen Weg finden musste, mit der Situation anders umzugehen, damit meine Seele keinen Schaden nimmt und ich nicht aus Frust in die Vandalismus-Falle tappe.

DER ÄRGER ...

Als Berufspendler und Geschäftsreisender litt ich schon seit Monaten unter den Unzulänglichkeiten der Deutschen Bahn: Verspätungen wurden zur Normalität, Termine ließen sich nur mit großen Zeitpuffern planen und spontane Zugausfälle machten jede Planung überflüssig. Inzwischen reichten »Verzögerungen im Betriebsablauf«, eine »Reparatur am Zug« oder »Personen im Gleisbett«, um bei mir ein beängstigendes Aggressionspotenzial zu entfalten. Zunehmend wurde mir klar, dass ich meine Haltung ändern musste, weil ich das System nicht ändern konnte (und der Umstieg aufs Auto keine Option war). In dieser Lage flehte ich Gott buchstäblich an, mir zu helfen.

Gott erhörte mein Gebet. Eines Tages fiel mein Pendlerzug ersatzlos aus und der folgende Zug hatte nur die Hälfte der üblichen Waggons. In Zahlen: 200 % Pendler × 50 % Zug = Stehplatz mit Körperkontakt. Beim Aussteigen sah ich eine Frau, die einen Rucksack mit einem DB-Logo trug. Ich fragte sie mit erhöhtem Blutdruck: »Wie ist es eigentlich, für ein Unternehmen zu arbeiten, das Tag für Tag Tausende seiner Kunden enttäuscht?« »Meinen Sie das ernst oder wollen Sie nur Dampf ablassen?« war die Gegenfrage. »Dampf ablassen«, gab ich zu, während sie in der Menge verschwand.

Einen Tag später dieselbe Bahn-Konstellation. Zu meiner großen Erleichterung traf ich erneut die DB-Mitarbeiterin. Das gab mir nämlich die Gelegenheit, mich für mein rüpelhaftes Benehmen zu entschuldigen – während sie mir auf der Fahrt ausführlich und aus nächster Nähe die Perspektive der Bahnbeschäftigten und weitere Hintergründe beschrieb.

In etwa dieser Zeit beschäftigte mich zudem dieser Vers aus dem Römerbrief: »Lass dich nicht vom Bösen überwinden, sondern überwinde das Böse mit dem Guten!« (Römer 12,21; ELB). Letztlich geht es darum, einer negativen Situation ganz bewusst und entschlossen etwas Positives entgegenzusetzen: Wenn ein Zug Verspätung hat, dann versuche ich, die scheinbar verlorene Zeit als Geschenk zu betrachten und sinnvoll zu nutzen. Wenn ich auf einen verspäteten Anschluss warte und einen Bahn-Mitarbeiter sehe, der ebenso wartet, spreche ich ihn an und danke ihm dafür, dass er für mich Überstunden macht. Aus Prinzip bemühe ich mich, dem Bahnpersonal höflich und wertschätzend zu begegnen. Schließlich sitzen wir alle im selben Zug!

... WIRD ZU GOTTES CHANCE

Mittlerweile sind mehr als zwei Monate seit der Begegnung mit der DB-Mitarbeiterin vergangen. Zu meiner großen Überraschung bin ich noch immer mit der Bahn versöhnt, obwohl deren Unzulänglichkeiten gefühlt noch zugenommen haben. Aber anstatt darüber nachzudenken, was ich kaputt machen kann, bemühe ich mich bewusst und entschlossen um eine konstruktive Haltung – und versuche, das »Böse« mit Gutem zu überwinden.

HANDGRIFFE & LEITERSPROSSEN

NACHDENKEN

- Welche Situation macht dir im Augenblick zu schaffen? Was beschäftigt dich, beeinflusst deine Gefühlte, zieht dich runter?

- Was könntest du dem – ganz bewusst und entschlossen – an Positivem entgegensetzen?

- Was willst du konkret tun, um das Böse, das du erlebst, mit Gutem zu überwinden?

ENERGIERIEGEL & WASSERFLASCHE

NACHLESEN

Ein paar sehr ermutigende Überwinder-Geschichten aus der Bibel findest du hier:
Josef: 1. Mose 37–50; Josua: Josua 6; Gideon: Richter 6–8;
David: 1. Samuel 17; Elia: 1. Könige 18,21-46; Joschafat:
2. Chronik 20; Paulus und Silas: Apostelgeschichte 16,16-40.

ANDREAS W. QUIRING

»ICH HABE LEIDER SEHR SCHLECHTE NACHRICHTEN FÜR SIE!«

Bibelstelle: Philipper 4,7

Der 17. 06. 2019 war ein Frühsommertag. Ich hatte Direktionsdienst bei der Feuerwehr Duisburg. Diese Verantwortung gehört bereits seit Jahren zu meinen Aufgaben – so auch an diesem schönen Junitag. Im Vormittagsbereich war eine zweistündige Unterbrechung wegen eines unklaren Befundes beim Arzt geplant, in der mich ein Kollege vertreten würde.

WARTEN UND DUNKELHEIT

Nach dem Ausfüllen und Unterschreiben zahlreicher Papiere bekam ich im Wartezimmer einen Zugang in meinen Unterarm montiert, um dem Kontrastmittel für die Computertomografie freie Fahrt in die Blutbahn zu erlauben. Meine Frau saß neben mir. Solch schwierigen Termine nehmen wir gemeinsam wahr. Gut so. Wir schwiegen.

Die Untersuchung dauerte nur rund fünf Minuten. Danach folgte eine lange Wartezeit, weil der Radiologe die Bilder von meinen Nieren auswerten musste. Das tat er sehr gründlich. Danach hörte ich meinen Namen durch das Wartezimmer schallen – ein Moment, der meinen ohnehin schon gestiegenen Adrenalinpegel noch mal erhöhte. Ich fühlte mich wie ein Schnellkochtopf, wenn das Ventil wegen des hohen Drucks anschlägt.

»Herr Helmrich, ich habe leider sehr schlechte Nachrichten für Sie!« Was für ein bescheuerter Satz! Den willst du nicht hören. Nie. Von niemandem. Und von einem Arzt schon mal gar nicht. »Was für ein Blödmann – der hat doch keine Ahnung! Der irrt sich!«, dachte ich. Was danach aus seinem Mund sprudelte, hatte ich noch kaum verstanden. Begriffe wie Krebs, Operation, Krankenhaus weichten meine Beine auf. Ich musste mich setzen. Nein – besser hinlegen. Es wurde dunkel in mir.

Kennst du das? Wenn das Leben zerbröselt wie ein krümeliger Keks, wenn alle Planungen, alle Ziele sich vor deinem inneren Auge von dir entfernen, du sie aber gerne behalten möchtest?! »Wo bist du, Gott?« Eine Frage, die wichtig ist!

Anschließend saßen meine Frau und ich im Auto auf dem Parkplatz der Radiologie. Wir sahen uns an. Und schwiegen. Doch wir taten schließlich das, was Sinn gibt. Wir beteten. Wir schmetterten unsere Ängste, Sorgen und Aufgeregtheit in die Hände dessen, der vollmundig Frieden verspricht. »Dann mach mal«, dachte ich. »Halte dein Wort!« Klappte aber nicht sofort. Trotzdem: ein zweiter Versuch. Ein dritter ... Eine bessere Alternative als Vertrauen kannten wir nicht.

Wir hielten uns fest an dem Satz: »Und der Friede Gottes, der alles Verstehen übersteigt, soll eure Herzen und Gedanken behüten. Er soll sie bewahren in der Gemeinschaft mit Jesus Christus« (Philipper 4,7; BB).

AUFSTIEG UND HALT

»Torsten, ich fürchte, ich komme heute nicht wieder zurück in den Dienst. Und morgen auch nicht. Vermutlich auch die nächsten paar Wochen nicht!« Meine Stimme brach weg. Ich erklärte meinem Kollegen kurz und knapp den eben erlebten Schicksalsschlag. Oder wie sagt man dazu? Es fiel mir schwer, es »Segen« zu nennen. Doch ich täuschte mich! Denn meine Frau und ich starteten in eine Zeit einer enorm tiefen Gottesbeziehung. Statt Abgrund und freien Fall erlebten wir Aufstieg und Halt. Statt Angst vor der Tiefe empfanden wir eine ganz starke geistliche Thermik. Jesus ist da. Gott hält, was er verspricht. Frieden. Unbegreifbaren Frieden. Frieden, der über das Verstehen hinausgeht. Bis heute. Danke!

HANDGRIFFE & LEITERSPROSSEN

NACHDENKEN

- Wo fehlt dir derzeit der Friede? An welcher Stelle ist von dir Aushalten und Vertrauen gefragt?

- Wo kannst du in dieser Woche jemandem in seiner Not einfach dein Ohr leihen, schweigen, mitweinen?

ENERGIERIEGEL & WASSERFLASCHE

MACHEN

Gönn dir eine Pause. Lade dir die Pausen-App runter, sie gibt dir Halt und neue Kraft: www.pauseapp.com

JÖRG HELMRICH

»ERZÜRNE DEINEN KOLLEGEN ODER MITARBEITER NICHT, DAMIT ER NICHT MUTLOS WIRD.«

Bibelstelle: Kolosser 3,21

Meine Kinder »erzürnen«? Nee, das mache ich nicht, bei uns ist es doch eigentlich immer ganz harmonisch und friedlich zugegangen – trotz einer Drei-Söhne-Familie. Na gut, natürlich war der eine oder andere mal bockig oder auch wütend wegen diverser erzieherischer Maßnahmen. Aber das ist doch normal, oder? Ich kann ja als Vater nicht nur Kumpel und Freund sein und schön die Konflikte vermeiden, damit keiner der Herren aneckt oder sich mal kräftig ärgert! Ist der Vers aus dem Kolosserbrief »Ihr Väter, erzürnt eure Kinder nicht, damit sie nicht mutlos werden« (Kolosser 3,12; luther.heute) daher eine Einladung zur antiautoritären »Laissez-faire-Erziehung«? Na, ich habe damit ja sowieso nichts zu tun, mir fällt zumindest nicht ein, wann ich einen meiner Jungs erzürnt habe …

DER BESSERWISSER AUF DER RÜCKBANK

Oder vielleicht doch? Mich lässt eine relativ aktuelle Situation nicht los, in der ich in kurzem Abstand zweimal auf die gleiche Weise den Zorn meiner Söhne auf mich gezogen habe: Wir waren als Familie im Urlaub im Auto unterwegs. Ich saß auf dem undankbaren und völlig ungewohnten Platz hinten in der Mitte, während sich die beiden jungen Führerscheininhaber mit dem Fahren an diesem Tag abwechselten. Ich bin bei beiden schon einige Male als Beifahrer mitgefahren, und wenn ich überhaupt Kritik geäußert habe, dann halbwegs vorsichtig und konstruktiv. Aber an diesem Tag habe ich in der ungewohnten Position als »Backseat-Driver« kurz hintereinander bei beiden die Nerven verloren. Ich habe sie unsanft mit meinen besserwisserischen Anweisungen und Rat-Schlägen zu Fahrweise und Navi-Nutzung auf die Palme gebracht. Und ihr Zorn war tatsächlich mehr als nur der kurze Ärger über eine Zurechtweisung, das habe ich im Nachhinein gespürt. Mir selbst ist es auch nachgegangen, weil ich so nicht sein möchte. Ich denke, ich habe sie tatsächlich genervt, gereizt und klein gemacht. Ertappt!

Der Vers aus Kolosser 3 ist schon krass, denn er endet ja nicht mit der Aufforderung, meine Kinder nicht zu erzürnen. Und es geht auch nicht darum, mich zu ertappen oder mir meine vermeintlichen Erziehungsfehler anzukreiden. Paulus liefert eine Erklärung nach: »Damit sie nicht mutlos werden!« Stark, plötzlich bin ich bei einem Herzensanliegen: Ich wünsche mir, Ermutiger zu sein, nicht nur in der Familie. Aber genau da tappe ich ab und zu in die Falle. Es war in der Situation im Auto nicht nötig zu kritisieren, und ich hätte auf der Fahrt auch zig Möglichkeiten gehabt, meine Söhne zu loben und zu motivieren. Im Alltag ist das leider manchmal genauso. Paulus' Rat hat also nix mit antiautoritärer Erziehung und so zu tun.

ERMUTIGER SEIN

Der Gedanke, den er an uns Väter weitergibt, ist genauso zeitlos wie pädagogisch wertvoll. Und er ermutigt und erinnert mich, Ermutiger zu sein. Für meine Kinder, aber auch darüber hinaus in meinem außerfamiliären Umfeld. »Erzürne deinen Kollegen oder Mitarbeiter nicht, damit er nicht mutlos wird. Erzürne die Lehrerin deiner Kinder nicht ... Erzürne deinen Nachbarn nicht ... Erzürne die Dame im Callcenter nicht ... damit sie nicht mutlos, sondern ermutigt werden.« Also, ich hab gerade wieder neu Bock, Ermutiger zu sein! Und bei nächster Gelegenheit werde ich das Privileg genießen, mich von kompetenten und souveränen Fahrern chauffieren zu lassen.

HANDGRIFFE & LEITERSPROSSEN

NACHDENKEN

- Wie weit schöpfst du dein Ermutiger-Potenzial aus?

- In welcher Situation wirst du vielleicht gerade
  jetzt als Ermutiger gebraucht?

ENERGIERIEGEL & WASSERFLASCHE

ANHÖREN

Ein Podcast-Gespräch mit Jürgen Klopp.
Ich glaube, der Mann ist ganz gut unterwegs als Ermutiger.
https://open.spotify.com/episode/
1RMjt0UZ8obx5gG9mM9edT?
si=njFmo7WWSCSYBdU5XEuPZA

JAN SCHULTE

»WIR ERLEBEN VERWANDLUNG AUF UNSEREM LEBENSWEG, INDEM WIR AUF CHRISTUS SCHAUEN.«

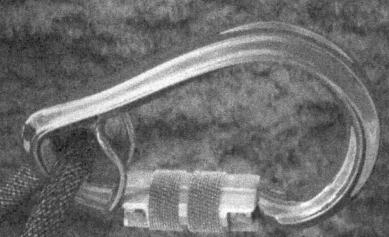

Bibelstelle: 2. Korinther 3,18

Die letzten Jahre waren mühsam. Ein verkorkster Abschied aus gewohnter Umgebung, ein aufwendiger Umzug, ein wahrlich nicht reibungsloser Einstieg ins Neue. Auf der Lebenswanderung ein Anstieg, der mich an die Grenzen brachte und manchmal darüber hinaus.

SCHWIERIGE WEGSTRECKE

Einige Male bohrten sich meine Knie in den staubigen Grund und die Zunge füllte durstig nach erfrischender Leichtigkeit pelzig den Mund. In solchen Phasen verstummen manchmal sogar meine Gebete – aus Trotz, Schwäche, Erschöpfung, Widerstand. Dann werden mein Seufzen und Keuchen zum Gebet. Und nicht selten meldet sich dann das schlechte Gewissen beziehungsweise der innere Ankläger: »Was bist du für ein Mann? Schwach. Nicht mal mehr beten bekommst du hin. Auf die Bibel hast du auch keine Lust mehr. Und das soll Gott gefallen?« Diese Worte hämmern zuerst im Kopf und legen sich dann wie zusätzlicher Ballast auf die Schultern und erschweren den Aufstieg noch mehr. Es beginnt im wahrsten Sinne des Wortes ein Teufelskreis. Die Beziehung zu Gott, die entlasten, durchtragen, ermutigen sollte, wird nun zur Belastung, zur Verstärkung des Leidens an der Situation. Dadurch ziehe ich mich eher von Gott zurück – verständlicherweise. Wer braucht einen Gott, der einem noch einen reinwürgt, wenn man sich eh schon am Leben verschluckt hat?!

Aber Gott spielt in diesem Kreislauf überhaupt keine Rolle. Es ist vielmehr der eigene innere Antreiber, verbunden mit einem schiefen Gottesbild. In solchen Phasen und immer häufiger auch sonst klammere ich mich dann an dem Bibelvers aus dem Korintherbrief fest: »Wir alle sehen die Herrlichkeit des Herrn mit unverhülltem Gesicht wie in einem Spiegel. Dabei werden wir selbst in sein Ebenbild verwandelt. Wir bekommen immer mehr Anteil an seiner Herrlichkeit – so wie es der Geist des Herrn bewirkt« (2. Korinther 3,18; BB).

Dieser eine Vers hat eine enorme Sprengkraft! Er bietet mir erstens ein klares, gnadenorientiertes Bild von Verwandlung. Nicht ich verändere mich, sondern der Geist, der an mir arbeiten darf. Verwandlung ist nicht unser Job. Erst recht nicht in Krisenzeiten, die ans Limit gehen – und auch sonst nicht, wenn wir voller Schaffenskraft sind. Christus selbst ist unsere Heiligung (Hebräer 10,10)! Und er wohnt in uns. Das reicht. Zweitens zeigt der Vers auch, wie diese Verwandlung aus Gnade geschehen kann.

AUF JESUS SCHAUEN

Das ist keine Mogelpackung nach der Masche: »Natürlich verwandelt dich Gott, aber dafür musst du dieses oder jenes tun!« Paulus macht deutlich: Wir erleben Verwandlung auf unserem Lebensweg, indem wir … schauen. Auf Christus schauen. Auf seine Herrlichkeit, seine doxa, wie es im Griechischen heißt, seinen Glanz, seine Schönheit. Mehr nicht. Auf Christus schauen – das reicht. Dann überlagert sich sein Gesicht wie in einem Spiegel mit unserem Gesicht und wir erleben die Verwandlung. Immer mehr. Und werden dabei selbst zur Herrlichkeit. Durch Schauen. Was für eine Entlastung! Schauen kann ich. Ihn machen lassen, wenn ich nicht mehr kann – das geht.

HANDGRIFFE & LEITERSPROSSEN

NACHDENKEN

- Auf einer Skala von 0 bis 10 – wie energiegeladen bist du gerade unterwegs?

- Wie reagierst du in Erschöpfung und Mutlosigkeit? Wirfst du dich mehr auf Gott oder ziehst du dich eher zurück?

- Was löst der Gedanke, dass selbst deine Verwandlung nicht deine Leistung ist, in dir aus? Erleichterung? Ratlosigkeit? Widerstand?

ENERGIERIEGEL & WASSERFLASCHE

MACHEN

Begrenze deinen inneren Antreiber. Lerne den Vers (oder andere ähnlich hilfreiche) auswendig und setze ihn bei Gelegenheit sanft gegen die innere Stimme, die dir ein schlechtes Gewissen machen möchte, wenn du »zu wenig leistest«.

BETEN

Das Stille-Gebet – die Kontemplation – ist die perfekte Möglichkeit, um die schauende Hingabe an Christus einzuüben, auch wenn wir gerade nicht in der Krise stecken. Stichworte zum Weiterforschen sind folgende beiden einfachen Einstiege: Gebet der Sammlung (Thomas Keating) und Ruhe-Gebet nach Cassian (Peter Dyckhoff). Ein gutes einführendes Video in das Gebet der Sammlung findet sich hier: www.youtube.com/watch?v=Ze4h7jQVK8I&t=5s

CHRISTOF LENZEN

194

»WÜRDEN SIE JETZT FÜR MICH BETEN?«

Bibelstelle: 1. Timotheus 2,1

Ich bin eher ein »schlechter« Beter. Von daher empfinde ich diesen Bibelvers für mein Leben als etwas sperrig: »Vor allem anderen fordere ich euch auf, für alle Menschen zu beten. Bittet bei Gott für sie und dankt ihm« (1. Timotheus 2,1). Klar plane ich das in meinen Arbeitsalltag ein, die Zeit für das Gebet, aber ich muss gestehen, es ist nicht mein Fokus. Auf einer Auslandsreise hat mich Gott dann aber doch ziemlich überrascht. Gemeinsam mit einigen Pastoren aus ganz Deutschland sowie Mitgliedern aus Gemeindevorständen konnte ich im Jahr 2016 Fresh X-Projekte in Großbritannien kennenlernen. Dabei ging es nicht nur um die Projekte selbst, sondern vielmehr um die Konzepte dahinter, die Schwierigkeiten und die Veränderungen, die sich daraus ergaben.

MIT GOTT IN DEN PUB

In Peterborough trafen wir Jim, einen Pastor, der regelmäßig in einen Pub des Ortes ging, um dort mit den Menschen ins Gespräch zu kommen. Er hatte sogar eigene Bierdeckel drucken lassen, auf denen seine Kontaktdaten standen. Ihm war es ein Anliegen, die Menschen dort anzusprechen, wo sie sind. Und das ist in Großbritannien nun mal der Pub. Damit das Ganze für uns nicht zu theoretisch blieb, lud er uns ein, selbst eine Begegnung mit den Menschen auf der Straße zu suchen. Wir gingen zu zweit los und sollten uns in einem Imbiss unserer Wahl je zwei Mahlzeiten kaufen: eine für uns selbst und eine weitere, um sie an einen fremden Menschen zu verschenken und so mit ihm ins Gespräch zu kommen. Später trafen wir uns auf dem zentralen Marktplatz von Peterborough. Hier boten wir den vorbeigehenden Menschen auf Plakaten drei »Dienstleistungen« an: »Free Hugs«, »Free Water« und »Free Prayer«. (Natürlich hatten wir uns vorher in einem Supermarkt reichlich mit Wasserflaschen eingedeckt.) Jeder von uns konnte mitmachen, keiner musste. Auch wechselten wir von einer »Dienstleistung« zur anderen.

Ganz ehrlich, Wasserflaschen an fremde Menschen zu verschenken, war ziemlich einfach und kam gut an. Aber auch diejenigen von uns, die das Schild »Free Hugs« vor sich hielten, hatten einigen Zulauf. Irgendwann aber saß ich dann da, in einer mir fremden Stadt mitten auf dem

Marktplatz mit einem Schild auf meinen Knien, auf dem »Free Prayer« stand. Gerade den »Free Prayer«-Leuten hatte Jim vorher noch gesagt, dass sie freundlich schauen und einfach für die Menschen, die an ihnen vorübergingen, beten sollten. Und so schaute ich freundlich und nahm wildfremde Menschen ins Gebet.

GOTT ZEIGT CHUZPE

Innerlich war ich zugegebenermaßen ziemlich angespannt und hatte auch gehörigen Respekt vor dem Moment, in dem jemand auf mich zukommen und mich um ein Gebet bitten würde. Aber nichts dergleichen geschah. Schließlich wechselten wir wieder die Gruppen, und ich nahm eine kleine Auszeit auf einer Bank, um die anderen zu beobachten. Während ich also ziemlich erleichtert dasaß und mit meinem Smartphone ein paar Aufnahmen von den »Umarmenden« machte, kam ein junger Mann auf mich zu und fragte: »Sie haben doch vorhin dahinten mit dem Schild ›Free Prayer‹ gesessen?« – »Ja«, antwortete ich etwas verdutzt. – »Würden Sie jetzt für mich beten?« – »Ja«, sagte ich und musste ein wenig über Gottes Chuzpe schmunzeln.

HANDGRIFFE & LEITERSPROSSEN

NACHDENKEN

- Wo könntest du diese Woche anderen mit »Free Hugs«, »Free Water« oder »Free Prayer« dienen? Welcher Platz könnte der »Pub« sein, wo du mit Kollegen, Nachbarn ... ins Gespräch kommst?

ENERGIERIEGEL & WASSERFLASCHE

INFORMIEREN

Fresh X steht für frische Ausdrucksformen von Kirche. Trotz ihrer Unterschiedlichkeit haben sie eines gemeinsam: die Haltung, aus der heraus eine Fresh X entsteht. Diese geht davon aus, dass Gott überall am Werk ist, auch dort, wo Menschen keinen Bezug zu Kirche haben. Deshalb gehen Menschen an Orte und in Kontexte, wo Leuten die Kirche fremd ist. https://freshexpressions.de

SVEN-ERIK TORNOW

48. AM ENDE EINER HOFFNUNG

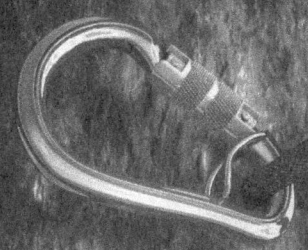

»DAS LEBEN IST EBEN SEHR OFT EIN SOWOHL-ALS-AUCH.«

Bibelstelle: Hebräer 11,1

Mein Glaube wurde schon sehr oft herausgefordert. Die größte Herausforderung habe ich rund um den Tod meiner Frau Andrea erlebt. Ich hatte vor ihrem Tod aufgehört, mit Gott zu kommunizieren. Er war viel zu weit weg, ich habe ihn nicht mehr erlebt, ich war am Ende meiner Kraft und Hoffnung angelangt.

DIE NOT BENENNEN

Und dann ist Gott mir durch einen mutigen Freund neu begegnet. Er hat mir zuerst gesagt: »Stefan, ich kenne niemanden, dem es so dreckig geht wie dir!« In dieser Aussage steckte überhaupt nichts Tröstliches. Und doch war es das Tröstlichste, was ich in der ganzen Zeit der schweren Erkrankung meiner Frau gehört habe. Weil jemand meine Not anerkannt hat. Und ich dadurch nicht mehr so alleine war. Dann hat mein Freund mich gefragt, ob ich wirklich davon überzeugt sei, dass Gottes Zusagen nicht mehr gelten, weil ich sie nicht erlebte. Das war, wie gesagt, sehr mutig …

Jetzt musste ich mich entscheiden: Will ich Gott vertrauen oder mich von ihm abwenden? Und Gott gab mir eine neue Chance. Wow! Er gab mir außerdem die Kraft, sie zu nutzen. Seitdem sind wir wieder miteinander unterwegs. Manchmal wie enge Freunde, manchmal wie entfernte Bekannte. Und ja, die Liste mit Fragen, die ich Gott gern stellen möchte, wird immer länger. Weil ich so vieles nicht verstehe. Und trotzdem möchte ich an Gottes Wirklichkeit, an der Wirklichkeit unsichtbarer Dinge, festhalten, denn wie es im Hebräerbrief heißt, ist genau das Glaube: »ein Festhalten an dem, worauf man hofft – ein Überzeugtsein von Dingen, die nicht sichtbar sind« (Hebräer 11,1; BB). Das Leben ist eben sehr oft ein Sowohl-als-auch. Da ist meine Wirklichkeit, die ganz real ist. Und Gottes Wirklichkeit, die manchmal ganz weit weg scheint und doch auch sehr echt ist. Die Stelle aus dem Hebräerbrief bringt es auf den Punkt. Diese Spannung auszuhalten, ist für mich seitdem eine Definition von Glauben.

Neun Tage nach dieser Begegnung mit diesem Freund mussten wir von Andrea Abschied nehmen. Und ich hatte die Kraft, folgende Worte zu den Menschen zu sagen, die bei der Abschiedsfeier dabei waren: »Verschiedene Ereignisse und Wirklichkeiten prägen zurzeit unser Leben. Da ist zum einen der Abschied von meiner geliebten Frau, einer wunderbaren Mama, einer geliebten Tochter, Schwester und Freundin. Das ist unfassbar und tut sehr weh. Diesen Schmerz spüre ich seit letztem Freitag körperlich. Daran gibt es nichts zu rütteln, nichts schönzureden oder zu verleugnen. Noch erfassen wir überhaupt nicht, was das für die Zukunft bedeutet, und können nur erahnen, dass noch sehr herausfordernde Zeiten auf uns zukommen. Da ist zum anderen auch die Tatsache, dass Andrea nun endgültig zu Hause angekommen ist. Sie ist nun bei dem, an den sie geglaubt und für den sie gelebt hat, Jesus Christus. Sie hat nun nie mehr Schmerzen und Beschwerden und wohnt in einer Wohnung, die Jesus Christus seit zweitausend Jahren für sie vorbereitet hat.

GOTT IST DA

Und dann gibt es noch eine Realität, die wir auch nur sehr schwer fassen können, die nur sehr schwer zu vermitteln ist, die wir aber in der letzten Woche so konkret erfahren haben wie nichts anderes. Nämlich dass Gott selbst da ist und viele, viele Wunder wirkt. Das eine Wunder, auf das wir gehofft und an das wir geglaubt haben, ist nicht passiert, aber viele andere.«

HANDGRIFFE & LEITERSPROSSEN

NACHDENKEN

- Was war die größte Herausforderung deines Lebens?

- Wo willst du Gott eine neue Chance geben?

- Wo gilt es für dich, das Sowohl-als-auch auszuhalten?

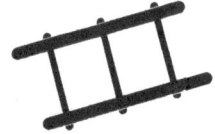

ENERGIERIEGEL & WASSERFLASCHE

VERINNERLICHEN

Lies den Text von Martin Buchholz und
nimm ihn für dich persönlich:

Das Lied ist auf den Lippen fast erstorben,
und Müdigkeit lähmt bleiern jeden Schritt.
Die Schmerzen haben längst den Tag verdorben
und brachten einen Hauch Verzweiflung mit.
Wenn Blicke an der Sorgenwand sich brechen,
wenn Hoffnung sich nicht mal erahnen lässt,
wenn frohe Tage scheinbar nun sich rächen,
dann steht doch nach wie vor das Eine fest:

Am Ende eines Auswegs,
da ist Gott immer da.
Wo die Hoffnung endlos fern scheint,
ist doch Gott unendlich nah,
um den Müden zu beflügeln,
dass sein Blick ins Weite geht,
und er sehn kann, dass sein Leben
fest in Gottes Händen steht.

Erfahrung guter Stunden will verblassen.
Geschenke, die Gott machte, sind verstaubt.
Die Seele weint, will sich nicht helfen lassen
und fühlt sich ihrer Lebenskraft beraubt.
Wenn Antworten von gestern nicht mehr zählen,
wenn Sicherheiten wie im Sturm verwehn,
wenn gutgemeinte Sätze nur noch quälen,
dann bleibt doch Eines nach wie vor bestehn:

Am Ende eines Auswegs,
da ist Gott immer da ...[31]

ANHÖREN

Der Text von Martin Buchholz wurde von Johannes
Nitsch vertont und von Sarah Kaiser eingesungen.
Hör dir das Lied »Am Ende eines Auswegs« an:
www.youtube.com/watch?v=fhYt_s3m3kQ

STEFAN BITZER

»IN JESUS GIBT ES IMMER EINE NEUE HOFFNUNG, EINE NEUE TÜR UND EINEN NEUEN ANFANG.«

Bibelstelle: Hebräer 12,12-13

Als Gemeindegründer habe ich regelmäßig meine Grenzen ignoriert. Als junge Gemeinde wollten wir ganz schnell ganz viel. Wir hatten Erfolg in allem, was wir begonnen haben, und gleichzeitig wurde alles immer komplexer. Dann kam der Lockdown, und mit letzter Kraft habe ich versucht, die Gemeinde auf die neue Situation einzustellen. Eine Coronainfektion und ein Kreuzbandriss führten zu plötzlichem Stillstand und zu viel Zeit zum Nachdenken. »Macht das eigentlich alles Sinn? Was zählt wirklich?« Ich war zum Loslassen gezwungen und musste feststellen, dass ich über meine Grenzen gegangen war. Ich hatte zu lange aus der Reserve gelebt und diese war jetzt leer. Dazu kamen Konflikte und die Angst, dass die Arbeit von zehn Jahren umsonst gewesen sein könnte. Für mich war Scheitern eigentlich keine Option: »Ich zieh das durch gegen jeden Widerstand bis zur völligen Erschöpfung. Ein Mann gibt doch nicht auf!« Doch ich war zu hoch geklettert, hatte nicht auf meine Grenzen geachtet und jetzt kam der tiefe Fall. »Wer oder was hält mich jetzt noch fest?«

AUCH HELDEN HABEN SCHATTENSEITEN

In Hebräer 11 werden uns die Glaubenshelden des Alten Testaments präsentiert. Ihre Vorstellung wirkt triumphierend, doch wenn man zwischen den Zeilen der Biografien liest, entdeckt man, dass auch diese Männer und Frauen Scheitern und Zerbruch erlebt haben. Sie waren leer und ausgebrannt. Sie haben versagt. Sie mussten Vertrauen auf die harte Tour lernen – ähnlich wie die Leser des Hebräerbriefs, die aufgrund ihres Glaubens Widerstand und Versuchungen erlebt haben.

Unsere natürliche Reaktion auf Hindernisse, Überforderung und Scheitern ist es, aufzugeben. Genau in diese Leere hinein spricht der Schreiber des Hebräerbriefs folgende Mut machende Worte: »Macht deshalb die müden Hände und die erlahmten Knie wieder stark! Und schafft für eure Füße gerade Pfade. Denn was lahm ist, soll nicht auch noch fehltreten, sondern geheilt werden« (Hebräer 12,12-13; BB).

Genau die Schwierigkeiten, die dich zum Aufgeben bewegen wollen, sind am Ende die Dinge, die dich durchhalten lassen. Gott stellt dich vor

Herausforderungen, mutet dir den Zerbruch und das Scheitern zu, um dich stark zu machen. Indem er dich an und über die Grenzen deiner eigenen Kräfte bringt, lernst du, aus seiner Kraft zu leben. Es gibt eine Stärke in Gott, die nicht durch unsere Fähigkeiten oder unsere natürliche Stärke, sondern nur in unserer Schwäche zur Entfaltung kommt. Im Scheitern zerbricht Gott unser Ego. Er schlägt alles von uns ab, was noch nicht wie Jesus ist, sodass wir ihm ähnlicher werden und auf eine tiefere Weise lernen, zu vertrauen.

UNTERWEGS BLEIBEN!

Also lauf weiter, sodass »was lahm ist ... nicht auch noch fehltreten, sondern geheilt werden« kann. Heilung passiert nur, wenn du in Bewegung bleibst. Geh entschlossen geradeaus, vermeide nicht jedes Hindernis, sondern vertraue darauf, dass Gott dir hilft, Widerstände zu überwinden. In Jesus gibt es immer eine neue Hoffnung, eine neue Tür und einen neuen Anfang. Jesus spricht dir dich umarmend zu: »Ich weiß, dass du müde bist, ich kenne deinen Schmerz, aber bleib im Rennen, gib nicht auf! Zieh weiter deine Bahn! Ich bin bei dir!«

HANDGRIFFE & LEITERSPROSSEN

WEITERLESEN & NACHDENKEN

- Was hat Gott durch schwierige Situationen in dir verändert? Wie bist du durch Krisen gewachsen?

- Wo möchtest du wieder aufstehen und neu losgehen?

ENERGIERIEGEL & WASSERFLASCHE

ANHÖREN

Hör dir das Lied »Oceans« von Hillsong an. Was sagt Gott zu dir durch das Lied? www.youtube.com/watch?v=eLqTZ07ja7g

HENRY DITTRICH

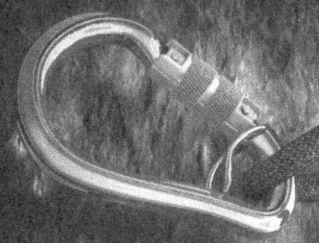

»ICH BETETE LEISE GEGEN DIESE BLAMAGE AN!«

Bibelstelle: 1. Petrus 2,9

Es war 1992, als wir den Hilferuf aus Russlands Kirchen hörten. Der Eiserne Vorhang war gefallen. Das russische Volk sah sich vor einem Scherbenhaufen. Es fühlte sich gedemütigt, orientierungslos, aber auch befreit, hoffnungs- und erwartungsvoll.

Das war der Moment, in dem wir gemeinsam mit lokalen russischen Kirchen in Nischni Nowgorod missionarische Projekte zu stemmen versuchten. Unser Schweizer Team reiste an. Meine Übersetzerin hieß Sascha. Sie wollte Lehrerin werden – ein wenig angesehener Job. Aber Sascha war eine Überzeugungstäterin. Und eine beinharte Atheistin: Viele unserer Übersetzer machten in dieser Zeit tiefe Gotteserfahrungen – Sascha blieb standhaft.

VERSCHLOSSEN

Nach unserer Heimreise luden wir Sascha in die Schweiz ein. Sie fuhr nervige 400 Kilometer nach Moskau, um ein Visum zu ergattern, wartete drei Tage vergeblich vor der dicht belagerten Schweizer Botschaft und reiste zuletzt frustriert nach Hause. Das Drama wiederholte sich am Ende eines zweiten Projektes. Im dritten Projektjahr verstieg ich mich zu folgendem Satz: »Sascha, du kommst mit uns nach Moskau, bevor wir fliegen, und der Vater im Himmel wird uns dein Visum verschaffen!« Dazu zitierte ich diesen Bibelvers: »Ihr aber seid ein von Gott auserwähltes Volk, seine königlichen Priester, ihr gehört ganz zu ihm und seid sein Eigentum. Deshalb sollt ihr die großen Taten Gottes verkünden, der euch aus der Finsternis befreit und in sein wunderbares Licht geführt hat« (1. Petrus 2,9; HFA). Saschas skeptischer Blick sagte alles.

Der Tag vor dem Abflug: Die Bahn hatte eine Stunde Verspätung. In Moskau waren die Straßen verstopft, die Metro unterbrochen. Um 17 Uhr würde die Botschaft schließen. Saschas Blick sprach Bände. Ich betete leise gegen diese Blamage an! Endlich, um 16.55 Uhr, standen wir vor der Botschaft. Vor uns eine riesige Menschenmenge! Keine Chance, da noch reinzukommen! »Siehst du!«, knurrte Sascha.

Ich schrie innerlich: »Herr, für diese Frau hier! Bitte!« Da schoss mir eine Idee wie ein Blitz durch den Kopf. Ich packte Sascha an der

Hand: »Egal, was jetzt passiert: Lass mich nicht los!« Noch bevor sie etwas antworten konnte, riss ich meinen Schweizer Pass aus der Jacke, streckte ihn in die Luft und schrie aus Leibeskräften: »I mues do ine! I bin en Schwiizer!« Dabei zog ich Sascha mit und pflügte mich ganz unchristlich durch die Menge. Die Leute erschraken, wichen zurück, und Sekunden später öffnete sich die Tür. Als ich um 16:59 Uhr den Schweizer Pass auf die Theke des Schalters legte, fiel mein Blick auf das weiße Kreuz auf rotem Grund auf der Vorderseite des Passes. Und mir schossen folgend Worte in den Kopf: »Reingewaschen, erkauft mit dem Blut am Kreuz! Sein Eigentum! Eingelassen durch die schmale Pforte!«

GEÖFFNET

Ich erschauderte und sagte: »Sascha, so wird es einmal sein im Himmel! Die einzige Frage wird sein: Gehöre ich ihm? Trage ich das Zeichen seines Volkes? Oder stehe ich eines Tages vor verschlossener Tür?« Mein Herz brennt noch heute, wenn ich daran denke, wie Gott hier handelte. Die ganze Mannschaft der Schweizer Botschaft in Moskau wurde ausgewechselt. Sascha konnte uns endlich besuchen und lebt ihren Beruf mit Leidenschaft bis zum heutigen Tag.

HANDGRIFFE & LEITERSPROSSEN

NACHDENKEN

Das Erlebnis hat mich an drei Fragen erinnert,
die ich dir weitergeben möchte:

- Wie reagierst du, wenn dein (selbst)sicherer
  Glaubenshaken in der Steilwand plötzlich wegzubrechen
  droht? Was leitet dich jetzt in dieser Krise?

- Wenn der Bergführer dann ganz unkonventionelle
  Steigtechniken anordnet – bist du bereit,
  das zu tun, wenn er es dir sagt?

- Unkonventionell klettern kann man nur, wenn man die
  konventionelle Grundtechnik gründlich mit dem Kletterlehrer
  eingeübt hat. Am Ende gibt er dir das Fähigkeits-Diplom.
  Im Glaubensleben sind das die täglichen Routinen wie z. B.
  Gebet, Bibel und Gehorsam. Pflegst du diese Routine?

ENERGIERIEGEL & WASSERFLASCHE

ANSCHAUEN

Nichts für schwache Nerven, aber eine absolut hammermäßige
Kletterpartie: der Film »Hacksaw Ridge – Die Entscheidung«
von Mel Gibson.[32] Wenn du das gesehen hast, dann hast
du begriffen, was alles aus Glauben möglich wird.

BRUNO WALDVOGEL-FREI

»ES HÄNGT NICHT DARAN, DASS ICH GLAUBE, SONDERN WAS ICH GLAUBE.«

Bibelstelle: 1. Johannes 5,4

»Unser Glaube ist der Sieg, der die Welt überwunden hat« (1. Johannes 5,4; LUT). In weiser Voraussicht hat mein Vater, der damals auch mein Pfarrer war, diesen Vers für mich als Konfirmationsvers ausgesucht. Und er hat mich schon in unzähligen Situationen meines Lebens begleitet. Mal hat er mich angespornt wie beim Klettersteig, etwas durchzuziehen und ein Risiko einzugehen. Mal war er mein Karabiner und hat mich davor bewahrt, abzustürzen oder aufzugeben. Und noch ein Bild verbinde ich mit diesem Vers.

Kennst du »Umkehrkreisel«, auch bekannt als »Stehaufkreisel«? Das sind Kreisel, die man ganz normal andreht und die sich nach einigen Umdrehungen selbst umkehren, sodass sie sozusagen auf dem Griff stehen, während sie sich weiterdrehen. Genau das ist dieser Vers aus dem ersten Johannesbrief auch: ein Umkehrkreisel. Er hat zwei Dimensionen – und je nachdem, mit welcher du loslegst, kann früher oder später die andere Dimension dazukommen.

EIN VERS, ZWEI DIMENSIONEN

Die eine Dimension ist die, die du am Anfang und Ende einer schweren Bergetappe kennst: »Unser Glaube ist der Sieg« – das hat etwas Heroisches, etwas Wagemutiges, etwas Siegerhaftes. Genauso, wie du dich fühlst, wenn du vor einer schweren (Berg-)Etappe stehst und loslaufen musst – sei es im Beruf, in der Familie, in der Gemeinde oder in anderen Bereichen: Du fühlst dich gut, schlagkräftig und voller Tatendrang. Dieses Gefühl ist auch am Ende da, wenn du etwas Großes gemeistert hast – die Bergwanderung, die Überwindung eigener Ängste, ein großes Projekt bei der Arbeit oder wenn du deine Kids durch eine Durststrecke in der Schule hindurchbegleitet hast.

Aber dann gibt es in diesem Vers wie beim Umkehrkreisel auch einen Switch, also einen Moment des Umschaltens, mit einer kleinen grammatikalischen (und vom Grundtext legitimierten) Änderung: »Unser Glaube (ist): der Sieg, der die Welt überwunden hat.« Plötzlich hängt es nicht daran, dass ich glaube, sondern was ich glaube: Ich glaube an den Sieg, den Jesus errungen hat! Und genau diesen Glauben benötige ich (und ich wette, du auch) mittendrin in den Herausforderungen: wenn die erste Luft beim Aufstieg weggeatmet ist, wenn der Tatendrang nachlässt, wenn der Weg doch steiniger ist als gedacht und wenn das Ziel in weiter Ferne zu sein scheint, obwohl du doch schon eine so lange Strecke zurückgelegt hast.

AUF JESUS, DEN HELDEN, VERTRAUEN

Dann lass diesen Vers den »Switch« machen und vergewissere dich: Du glaubst an einen Sieg – nämlich den Sieg Jesu über »Sünde, Tod und Teufel«, wie wir es früher in der Jungschar gesungen haben.[33] Das ermutigt, das hält, das stärkt, das gibt neue Kraft. Und am Ende wirst du sehen: Dein Glaube ist der Sieg, der die Welt überwunden hat. Aber nicht, weil du der Held bist, sondern weil du den Helden kennst – Jesus.

HANDGRIFFE & LEITERSPROSSEN

MACHEN

Ich bin ein großer Freund davon, Bibelstellen laut auszusprechen, zu proklamieren und, wenn keiner in der Nähe ist, sie laut zu schreien. Mach das mal! Ruf diesen Vers in den frühen Morgen oder das Dunkel der Nacht. Das ist ungeheuer befreiend und ermutigend zugleich.

ENERGIERIEGEL & WASSERFLASCHE

ANHÖREN

Ein Mut machender Soundtrack zu diesem Bibelvers ist der Song »Battle Belongs« von Phil Wickham: www.youtube.com/watch?v=johgSkNj3-A

DAVID BRUNNER

»AUS ECHTEM GLAUBEN WACHSEN IMMER ECHTE WERKE.«

Bibelstelle: Jakobus 2,15-17

Eine Detonation ist zu hören. Ich spüre die Luftdruckwelle. Wie weit war das weg? »Ein paar Hundert Meter«, sagen die Dorfbewohner. Die Leute bleiben entspannt. Wir Deutsche allerdings nicht. »Nur eine Mine im Wald. Wahrscheinlich ausgelöst von einem Tier«, erklärt man uns. Wir Helfer atmen durch, trauen aber dem Frieden nicht so recht. Unsere Nervenkostüme bekommen an diesem Tag einen Riss.

ALT UND ARM

April 2023. Wir sind in einem kleinen Dorf, etwa 30 Kilometer von Cherson entfernt, nahe der russischen Front. Wir sind dabei, gespendete Notstromgeneratoren, Lebensmittelpakete und Kleidung an Bedürftige zu übergeben. Wir treffen hier vor allem auf alte Leute. Rentner mit wenig Geld, die Essen und Kleidung höchst dankbar annehmen. Wir erfahren, dass es hier im Dorf seit zwei Jahren keinen Strom mehr gibt.

Man lädt uns zu Gebäck und Tee ein. Die Dorfvorsteherin berichtet von ihrem Leben, von Besatzung, von Tod, von Befreiung und vom Leben ohne Strom. Von Entbehrungen unbeschreiblichen Ausmaßes. Ich frage sie, ob die Menschen Gott Schuld geben für diesen Krieg. Hat der Krieg die Menschen hier geöffnet oder verschlossen für den Glauben? Sie sagt, es werde viel mehr gebetet als früher. Wir reden über den Glauben, über Gott. Ich sage ihr, dass meine deutschen Freunde und ich nur wenig tun können. Das aber versuchen wir: etwas materielle Hilfe und Hoffnung zu bringen. Und ich versichere ihr: »Gott liebt euch, er hat euch nicht vergessen! Das wollen wir euch ausrichten!« Es fließen Tränen. Wir umarmen uns.

Später im Auto, immer noch in Splitterschutzweste und mit Helm, wird mir klar: Gerade ist etwas sehr Schönes passiert. Ich bin so dankbar dafür, denn ich konnte erleben, wie Werke aus Glauben etwas Wundervolles und Mächtiges bewirken. Der Glaube an Gott und seine Liebe zu den Menschen in der Ukraine hat uns zum Nachdenken gebracht. Der Glaube hat uns in Bewegung gesetzt. Jetzt, wo wir hier sind, kommen Glaube und Handeln zusammen. Wir dürfen sogar über unseren Gott reden. Von Hoffnung und Liebe. Ich verstehe, wie Jakobus das Verhältnis von Glaube zu Werken sieht: Echter Glaube an Jesus bringt echte Werke hervor, Werke, die dem Nächsten dienen.

> Angenommen, jemand sieht einen Bruder oder eine Schwester um Nahrung oder Kleidung bitten und sagt: Lass es dir gut gehen, Gott segne dich, halte dich warm und iss dich satt, ohne ihnen zu essen oder etwas anzuziehen zu geben. Was nützt ihnen das? Es reicht nicht, nur Glauben zu haben. Ein Glaube, der nicht zu guten Taten führt, ist kein Glaube – er ist tot und wertlos.

> Jakobus 2,15-17

GLAUBEN UND HANDELN

Was Jakobus hier schreibt, ist echt hart. Aber auf der anderen Seite zu erleben, wie Werke aus Glauben wachsen, und zu erleben, wie diese Werke anderen Menschen Hoffnung geben – das ist traumhaft. Ich bin Gott dankbar, denn in meinem Leben als Christ hatte ich auch Zeiten, in denen ich es mit den Werken nicht so genau nehmen wollte oder auch nicht so genau verstanden habe. »Allein der Glaube genügt« – heißt es nicht so (vgl. Römer 3,28)? Ja, echter Glaube genügt für die Rettung. Doch genauso gilt: Aus echtem Glauben wachsen immer echte Werke. Wie schön das ist, konnte ich an jenem Tag in der Ukraine mit unserem Hilfsteam erleben – ein Vorrecht! Wir sind unendlich dankbar. Für Glaube und Werke, beides von Gott geschenkt, initiiert, eingefädelt – mit unserer Beteiligung. »Danke, Gott! Bitte mehr davon!«

HANDGRIFFE & LEITERSPROSSEN

NACHDENKEN

Wie kannst du Menschen in dieser Welt praktisch und
konkret dienen und Gutes tun? Frage dich ganz konkret:

- Wo siehst du eine Not, die du gerne lindern
  möchtest mit Gottes Hilfe?

- An welcher Stelle hast du den Eindruck, dass Gott dich mit
  deiner Erfahrung und Leidenschaft gebrauchen könnte?

- Bei wem kannst du dich einklinken und einfach
  mitmachen? Manchmal muss man nicht das Rad neu
  erfinden, sondern erst mal einsteigen oder aufsteigen.

ENERGIERIEGEL & WASSERFLASCHE

NACHLESEN

Lies Jakobus 2 und frage Gott, wo er dich sieht
und was er für dich an »guten Werken« (Epheser
2,10; LUT) bereits vorbereitet hat.

MACHEN

Such die Nähe zu anderen, die ihren Glauben
praktisch in die Tat umsetzen, und lass dich von
ihnen anstecken, begeistern und inspirieren.

CHRIS ORLAMÜNDER

»IRGENDWIE SPÜRTE ICH: DER VERS IST FÜR MICH – GOTT SPRICHT, GERADE JETZT!«

Bibelstelle: Jakobus 5,7

Es waren noch knapp zwei Monate bis zur Geburt unseres zweiten Kindes. Für unsere wachsende Familie wünschten wir uns ein größeres Auto. Seit unseren ersten Ehejahren hatten meine Frau und ich von einem campingtauglichen Bus geträumt – von einem dunkelbraunen Bus. Tatsache war: Wir hatten bislang einen blauen Fiat Idea und finanziell nicht die Aussicht, uns einen Bus, geschweige denn in unserer Wunschfarbe, kaufen zu können.

GOTT SAGT: WARTE!

Im Frühjahr hatten wir uns regelmäßig erfolglos durch diverse Online-Portale gescrollt, bis ich am 7. Juni ein klares Versprechen von Gott bekam. Ich hatte Gott in meiner Gebetszeit gebeten, mir einen Bibelvers in Bezug auf unseren Autokauf zu schenken, und genau das tat er. Ich las: »Wartet geduldig, Brüder und Schwestern, bis der Herr wiederkommt. Seht, wie der Bauer auf die kostbare Frucht der Erde wartet: Er wartet geduldig, bis der Frühregen und der Spätregen gefallen sind« (Jakobus 5,7; BB).

Irgendwie spürte ich: Der Vers ist für mich – Gott spricht, gerade jetzt! Es war an sich kein spektakulärer Moment. Alles, was ich spürte, war: Der Vers ist für genau diesen Augenblick. Ich markierte mir »Wartet geduldig« im Bibeltext. Dabei erinnerte ich mich an einen identischen Moment während unserer Wohnungssuche: Ein Jahr zuvor hatte ich Gottes Reden wahrgenommen, als er gesagt hatte, dass wir noch nicht nach Wohnungen suchen sollten, obwohl wir zwei Monate später eine Wohnung in Augsburg brauchten. Er war treu gewesen, absolut treu! Diese Erinnerung war für mich wie ein Handgriff beim Klettern, als es nun wieder darum ging zu warten, anstatt selbst etwas zu erzwingen – eben genau wie in dem Vers aus dem Jakobusbrief.

Als Zweites markierte ich »die kostbare Frucht« in diesem Bibelvers. Hiermit konnte ja das Auto beziehungsweise der ersehnte Bus gemeint sein. Ich nahm es als persönliches Versprechen für mich und es steigerte meine Vorfreude auf das, was Gott für uns vorbereitet hatte.

Schlussendlich dauerte es bis Ende August, bis ich ein innerliches »Go!« empfand, meine Suchkriterien erneut bei einem Kleinanzeigen-Portal einzugeben ... und gleich einen Treffer landete: ein Mercedes-Viano-Bus in Augsburg, keine 100 000 Kilometer gefahren, top gepflegt und noch dazu in Dunkelbraun! Ich tippte nervös eine Anfrage. Erste Unsicherheiten machten sich in mir breit, denn die Anzeige war bereits seit vier Tagen online. Nachricht abgeschickt – und wieder: warten! Der starke Regen an jenem Tag erinnerte mich sogar an das Detail Regen in »meinem« Bibelvers. Ich musste schmunzeln.

Der Verkäufer meldete sich noch am gleichen Tag und lud mich zu einer Probefahrt ein. Währenddessen erwähnte er, dass ich der erste Interessent gewesen war und sich nach meiner Nachricht vier weitere Personen gemeldet hatten. Nachdem ich eine weitere Probefahrt zusammen mit meiner Frau und unserer Tochter unternommen, zwei fachlich versierte Freunde um Rat gebeten und immer wieder Gott im Gebet gefragt hatte, ob wir diesen finanziellen Schritt gehen sollten, kam der Hammer: Exakt an diesem Wochenende meldete sich ein befreundetes Ehepaar und teilte uns mit, dass sie es auf dem Herzen hätten, uns 5 000 Euro als Zuschuss für ein neues Auto zu schenken. Wow! Wenn das keine Bestätigung war!

Der Verkäufer gab mir dann als erstem Interessenten den Vorzug, obwohl er höher bietende Käufer hatte! So sagten wir zwei Tage nach meiner Online-Recherche zu und dürfen seither die Fahrten in unserem dunkelbraunen Bus, den ich sogar campingtauglich ausstatten konnte, voll Dankbarkeit genießen.

Drei Tage nachdem wir unseren neuen Bus zugelassen hatten, wurde unser Sohn geboren. Gottes Timing und seinen Zusagen zu vertrauen lohnt sich!

HANDGRIFFE & LEITERSPROSSEN

NACHDENKEN

- Überlege, wann du Gottes Treue erlebt hast, und lass dich dadurch stärken. Lade den Heiligen Geist ein, dich an diese Momente zu erinnern.

- Was bedeutet der Vers für deine aktuelle Situation? Wo musst du gerade warten? Wo ist dein Gehen gefragt?

ENERGIERIEGEL & WASSERFLASCHE

BETEN

»Vater, ich danke dir, dass du wunderbare Absichten für mich hast und mich versorgst. Das will ich von ganzem Herzen im Glauben ergreifen. Es tut mir von Herzen leid wegen der Momente, in denen ich gedacht habe, ich wüsste es selbst besser. Davon kehre ich nun um und entscheide mich für Vertrauen und Geduld. Bitte hilf mir, dich und dein Wesen immer vor Augen zu haben und im Glauben an deine Verheißungen zu wachsen. Amen!«

TOBIAS DIETRICH

AUTOREN

STEFAN BITZER ist Vorsorge- und Trauerberater und zum zweiten Mal glücklich verheiratet. Er ist dankbar dafür, dass Gott auch Loser mag und zweite Chancen gibt (www.stefanbitzer.de).

KARSTEN BÖHM ist verheiratet, Vater von drei Kindern und liebt Sport, Reisen und Serien. Er ist Pfarrer der Andreasgemeinde Niederhöchstadt (www.andreasgemeinde.de) bei Frankfurt und leitet »GoSpecial«, einen Gottesdienst für Kirchendistanzierte, der monatlich mehrere Hundert Besucher anlockt. Daraus ist auch der Podcast »GoSpecial-Talk« entstanden (www.gospecial.de).

DAVID BRUNNER ist leidenschaftlich und fehlerhaft. Und das Ganze nicht einfach so, sondern als glücklicher Ehemann, stolzer Vater von zwei Kindern, begeisterter Gemeindepfarrer und leidenschaftlicher Blogger (www.david-brunner.de).

RALPH CLAUSS liebt seine Frau, seine drei Kinder und seine Bienen. Diese fliegen in Velbert herum und sorgen für sehr leckeren Honig. Er engagiert sich bei der christlichen Bewegung »4M«, die Männern, Frauen, Söhnen und Töchtern den christlichen Glauben durch gemeinsame Abenteuer näherbringt (www.4mde.org). Beruflich ermöglicht er es, dass sich Menschen zu Hause wieder wohlfühlen, und versucht, sie vor Krankheiten zu schützen: Er ist Schädlingsbekämpfer.

TOBIAS DIETRICH ist Leiter des christlichen Dienstes »free!ndeed« e. V. in Augsburg (www.free-indeed.de), der Männern und Frauen aus der Abhängigkeit von Pornografie hilft. Ihn begeistert es zu sehen, wenn Männer ihre wahre Identität und Freiheit ergriffen haben und ihre Verantwortung in Ehe, Familie und Gesellschaft wahrnehmen. Zusammen mit seiner Frau hat er drei Kinder und er genießt es, Gott in der Natur zu erleben.

HENRY DITTRICH ist verheiratet. Er hat drei wunderbare Kinder und liebt es, neue Dinge zu starten. Aktuell baut er das Projekt »Jüngermacher« auf, um Gemeinden und Leiter dabei zu unterstützen, Jüngerschaftsprozesse zu starten oder zu fördern.

MARKUS EICHLER ist verheiratet und hat drei Kinder. Er ist evangelischer Pfarrer in Viernheim/Südhessen und Bassist. In den Social Media ist er als »Der Herr Basstor« unterwegs.

ANSGAR ELFGEN hat sich selbstständig gemacht und betreibt mit 35 Partnern aus fünf Ländern eine nachhaltige Kaffeeplantage im Bergland von Honduras (www.carlmertenswittwe.com). Daneben ist er Vorsitzender des Aufsichtsrates von Hedi Kitas, dem Träger der katholischen Kitas im Erzbistum Berlin. Heute, mit

Abstand, sieht der Diplom-Ingenieur den radikalen Bruch in seiner Biografie und den beruflichen Neustart als göttliche Fügung.

MARKUS ENDLICH ist verheiratet und hat drei erwachsene Kinder. Er ist Pastor der Freien evangelischen Gemeinde Freiburg (www.feg-freiburg.de) und nebenberuflich Dozent für Praktische Theologie am ISTL (International Seminary of Theology and Leadership, www.istl.net). In seiner freien Zeit genießt er es, das Land gemeinsam mit seiner Frau mit dem Wohnmobil zu erkunden.

LEONHARD FROMM wird als jüngstes von fünf Geschwistern in eine »superkatholische« Familie hineingeboren. Nach dem Theologiestudium wird er nicht katholischer Priester, sondern Wirtschaftsredakteur. Nach zwei gescheiterten Ehen absolviert der zweifache Vater 2009 nebenberuflich zwei Ausbildungen zum Gestaltpädagogen und zum Gestalttherapeuten und arbeitet seit 2015 als Männercoach und Teamentwickler. Seit 2012 ist er in dritter Ehe in Schorndorf verheiratet (www.der-lebensberater.net).

BENJAMIN FUNK ist Digital Content Creator, Mentor und Autor. Er ist verheiratet, hat fünf Kinder und lebt im Norden Israels.

HERBERT GEISER ist Ehemann und Vater von vier Kindern mit zwei Enkelkindern. Er ist Mitglied der Geschäftsleitung des Hilfswerks »Hilfe für Mensch und Kirche« Schweiz (www.hmk-aem.ch). Er lebt in Bern und engagiert sich in seinem Dorf politisch als Gemeinderat.

DARIUS GÖTSCH, früherer Geschäftsführer und Vorstand mit Verantwortung für bis zu 600 Mitarbeitenden, bringt heute mit seinem Unternehmen »WaldFührung« (www.wald-fuehrung.de) und als Redner die Strategien des Waldes in den Berufsalltag der Menschen. Dabei richtet er sich sowohl an Führungskräfte als auch an das ganze Team und die einzelnen Mitarbeitenden – für mehr Erfolg und Wachstum in Business und Alltag.

UWE HEIMOWSKI ist geschäftsführender Vorstand von »Tearfund Deutschland«, einer christlichen Hilfsorganisation, die sich für ein Leben ohne Armut und Ungerechtigkeit einsetzt (www.tearfund.de). Er lebt mit seiner Frau in Gera.

FRANK HEINRICH ist Theologe, Sozialpädagoge und Politiker. Von 2009 bis 2021 war er Mitglied des Deutschen Bundestages. Seit September 2022 ist er einer der Vorstände der Evangelischen Allianz in Deutschland.

OLIVER HELMERS ist gerne als Pfarrer in der Gemeinde unterwegs, und sitzt genauso gerne an seinem Schreibtisch. Seine Kolumne »Glaube und Zweifel« erscheint in der Männerzeitschrift MOVO. Sein besonderes Hobby: das Erfinden von Weihnachtsgeschichten, die regelmäßig beim Bibellesebund erscheinen. Nach der Geburt von Emma wurden Oliver und seiner Frau vier weitere Kinder geschenkt.

JÖRG HELMRICH ist verheiratet und Vater von vier erwachsenen Kindern. Er arbeitet als Abteilungsleiter für die Bereiche Informations- und Kommunikationstechnik bei der Feuerwehr Duisburg. Er engagiert sich bei der christlichen Bewegung »4M« Deutschland, um Männern den christlichen Glauben durch Abenteuer schmackhaft zu machen (www.4mde.org). Er ist Autor des Buches »Rettungsgasse«.

AXEL HUDAK lebt mit seiner Familie in Karlsruhe. Er arbeitet als Lehrer an einer Pflegeschule und ermutigt als Erlebnispädagoge Menschen in Veränderungsprozessen (www.faszinationerleben.de).

WILKO HUNGER, gebürtiger Ostfriese, ist Pastor in Johannesburg und Dekan des Central Circuit der Northeastern Evangelical Lutheran Church in South Africa (NELCSA). Er mag Joggingrunden und Radtouren, guten Kaffee und Sonnenaufgänge.

DANIEL JÄGERS ist Gründer der deutschlandweiten Sektion »Gipfelkreuz« des Deutschen Alpenvereins, die Glauben und Bergsport miteinander verbindet (www.DAV-Gipfelkreuz.de). Der Ehemann, Vater, Erlebnispädagoge, Betriebswirt und Theologe wird voraussichtlich 2025 als Pfarrer der Evangelisch-Lutherischen Kirche in Bayern ordiniert.

RÜDIGER JOPE ist gebürtiger Sachse, aufgewachsener Hesse und eingeheirateter Schwabe. Der gelernte Werkzeugmacher arbeitete als Jugendreferent und Pastor. Als Chefredakteur im Bundes-Verlag Witten verantwortet er seit 2014 das Männermagazin MOVO (www.MOVO.net). Der Freizeitläufer lebt zusammen mit seiner Frau und zwei Kindern in Wetter/Ruhr.

Das Herz von **RETO KALTBRUNNER** schlägt für Gottes Sache – in seiner Familie mit seinen vier Söhnen sowie in seiner Gemeinde ICF (International Christian Fellowship) St. Gallen, die er zusammen mit seiner Frau leitet (www.retokaltbrunner.com).

DR. DIRK KELLNER lebt mit seiner Familie im Markgräflerland südlich von Freiburg. Er ist Pfarrer einer kleinen Dorfgemeinde, Lehrer am Gymnasium und selten »radlos«, wenn die Berge rufen.

HEIKO KIENBAUM ist Autor des Buches »Was Paare glücklich macht«. Er lebt mit seiner Familie in Berlin und in der Prignitz. Gemeinsam mit seiner Frau Maja leitet er den Verein »NEFESCH 52°13°« e. V. für mentale Gesundheit (www.nefesch.org).

BURKHARD R. KNIPPING ist verheiratet und Vater von vier Kindern. Der Theologe verfasst Texte für Gottesdienste und Andachten und arbeitet für das Erzbistum Köln zu den Themen Ehe, Beziehung und Männer.

INGMAR KRIMMER ist leidenschaftlicher Bäckermeister. Er brennt für gutes Brot und gute Backwaren. Der Vater von drei Kindern betreibt seit 2014 zusammen mit seiner Frau »Krimmers Backstub« in Untermünkheim. In seiner Backstube veranstaltet der

Pfarrerssohn regelmäßig Backkurse, die sehr begehrt und schnell ausgebucht sind (www.krimmers-backstub.de).

MANUEL LACHMANN ist verheiratet und Vater von zwei Kindern. Er leitet mit ganzem Herzen »Die Männerreise« in Halle an der Saale (www.die-männerreise.de). Er liebt es, mit dem Fahrrad und dem Zelt unterwegs zu sein.

CHRISTOF LENZEN ist Ehemann, Papa und Pastor, Seelsorger und Autor. Er entspannt am besten beim bewussten Genießen.

ANDREAS LINK ist verheiratet und Vater von drei Kindern. Er arbeitet als freiberuflicher Stiftungsberater und Familiencoach für Führungskräfte, Stiftungen und soziale Organisationen in der Schweiz und in Deutschland. In seiner Freizeit kocht er mit Begeisterung und wird die Pfunde auf dem Bike wieder los.

ULRICH MANG ist Referent für Sozial-Missionarische Arbeit beim Deutschen EC-Verband (Entschieden für Christus). Er ist verheiratet und Vater von zwei Kindern. Die Familie lebt in der Thüringer Rhön.

STEFAN MÜCK, verheiratet, Vater von zwei coolen Söhnen, unterrichtet sehr gern an einer Förderschule Kinder, Jugendliche und junge Erwachsene mit einer geistigen Behinderung. Er ist gern draußen, vergisst dies aber zu oft.

DAVID NEUFELD ist Verleger des Neufeld Verlags, den er 2004 gegründet hat. Mit seiner Familie lebt er in Ostbayern.

CHRIS ORLAMÜNDER lebt mit seiner Familie in Regensburg, besucht eine evangelische Freikirche, arbeitet bei einem Automobilhersteller und ist leidenschaftlicher Segler.

PAUL VON PREUSSEN ist Unternehmensgründer und direkter Nachfahre des letzten deutschen Kaisers. Seine Leidenschaft ist es, den Dialog zwischen den Generationen zu fördern. Er rief Digital8 ins Leben – eine Plattform, die Top-Führungskräfte mit herausragenden Persönlichkeiten der jungen Generation matcht, um neue Perspektiven für die größten (digitalen) Herausforderungen von heute zu bieten.

ANDREAS W. QUIRING lebt in Südhessen und arbeitet als Fundraiser für Groß- und Testamentsspenden.

THOMAS SACKMANN ist verheiratet und Vater von drei Söhnen. Er arbeitet als pädagogischer Mitarbeiter und Systemischer Coach im Projekt »Startpunkt« und ist freiberuflich tätig im Bereich Theologie, Coaching und Beratung, Fotografie, Waldbaden und Naturcoaching (Instagram: sackmann_fotografie).

ANDREAS SCHMIERER ist Pfarrer der Württembergischen Landeskirche, Studienassistent im Albrecht-Bengel-Haus in Tübingen und Mitglied der Redaktion des Kirchenmagazins »3E«.

JAN SCHULTE ist verheiratet und Dad von drei erwachsenen Söhnen. Er arbeitet selbstständig als Architekt und Energieberater. Er liebt es, per Reisemobil Landschaften zu entdecken und zu fotografieren, und engagiert sich bei »Live« e. V. mit dem Schwerpunkt Paararbeit (www.live-gemeinschaft.de).

DR. CHRISTOPH STENSCHKE ist Dozent an der Biblisch-Theologischen Akademie Forum Wiedenest (www.wiedenest.de/akademie) und Professor Extraordinarius an der University of South Africa in Pretoria. Er ist verheiratet, Vater von zwei Kindern, ehrenamtlicher Kommunalpolitiker und Waldarbeiter.

MICHAEL STIEF lebt mit seiner Frau und Familie in Peiting, Oberbayern. Mit seinem Unternehmen »Positive Hr. Management« unterstützt er Einzelpersonen und Organisationen auf ihrem Weg in eine gesunde, glückliche und menschengerechte Arbeits- und Lebenswelt (www.positive-hr.de). Er liebt die Natur, Sprachen und Geschichten in jeder Form.

LARS TIETGEN ist Pastor der Freien Christengemeinde im BFP (Bund Freikirchlicher Pfingstgemeinden) in Husum, gebürtiger Kieler, verheiratet, leidenschaftlicher Musiker, begeisterter Griller, Carrerabahn-Fan, und er liebt es, mit anderen Menschen im Reich Gottes unterwegs zu sein.

SVEN-ERIK TORNOW arbeitet als Fachjournalist, Fotograf und Kommunikationsberater in Köln. Seit 35 Jahren verheiratet und Vater von drei Töchtern und einem Sohn, hat er die Höhen und Tiefen des Lebens schon ein wenig ausgelotet. Neben seinem kirchlichen Engagement ist er ein begeisterter Langläufer, Leser, Cineast, Jazzliebhaber und Labradorbesitzer.

BRUNO WALDVOGEL-FREI ist reformierter Pfarrer, Autor und Produzent. Er leitet das »Lighthouse Olten«. Er ist dreifacher Familienvater und seit 35 Jahren verheiratet.

CLAUS WETTLAUFER ist verheiratet und Vater einer Tochter. Er lebt in Lemgo. Er war dreißig Jahre im Logistik-Management tätig. Seit 2017 arbeitet er als Coach, Supervisor, Seelsorger und Weiterbildner (www.creative-words.de). Er ist Autor der Bücher »Ich wollt, ich wär ein Christ« und »Inspired by John«.

STICHWORTVERZEICHNIS

ANMERKUNGEN

Alle Internetlinks, die dieses Buch enthält, wurden am 12. April 2024 auf ihre Aktualität überprüft.

1 Reinhard K. Sprenger: Vertrauen führt. Worauf es im Unternehmen wirklich ankommt. 3. Auflage. Frankfurt: Campus Verlag 2007.

2 Albert Camus: Der Mythos des Sisyphos. Rowohlt E-Book 2013. Aus dem Kapitel »Der Mythos des Sisyphos«.

3 »Braveheart«, Regie: Mel Gibson, USA 1995.

4 Klaus-Peter Hertzsch: Vertraut den neuen Wegen, 1989. 2. Strophe. In: Evangelisches Gesangbuch, 395.

5 Dieses Gebet ist eine verlängerte Version des sogenannten »Gelassenheitsgebets« nach Reinhold Niebuhr, der formulierte: »Gott, gib mir die Gelassenheit, Dinge hinzunehmen, die ich nicht ändern kann, den Mut, Dinge zu ändern, die ich ändern kann, und die Weisheit, das eine vom anderen zu unterscheiden« (zitiert nach Notker Wolf: Schluss mit der Angst – Deutschland schafft sich nicht ab! Freiburg im Breisgau: Herder 2017, KEINE SEITENANGABE). Das englische Originalzitat lautet: »Father, give us courage to change what must be altered, serenity to accept what cannot be helped, and the insight to know the one from the other.« Das hier zitierte erweiterte Gebet stammt ebenfalls aus dem Englischen, der Verfasser ist unbekannt (https://www.wikiwand.com/de/Gelassenheitsgebet).

6 Axel Kühner: Überlebensgeschichten für jeden Tag. 22. Auflage. Neukirchen-Vluyn: Neukirchener 2021.

7 Craig Groeschel: Wenn Gott kein Licht ins Dunkel bringt. Wie wir an Gottes Güte festhalten können, auch wenn das Leben uns etwas anderes sagt. Aßlar: Gerth Medien 2019. – Dieses Buch ist vergriffen, aber noch gebraucht oder als E-Book erhältlich.

8 Timothy Keller: Gott im Leid begegnen. Gießen: Brunnen 2019.

9 Christy & Nathan Nockels: A mighty fortress is our God. © 2009 sixsteps Music; Sweater Weather Music; worshiptogether.com songs.

10 Übersetzt nach: Christy & Nathan Nockels: A mighty fortress is our God.

11 »Falling Down – Ein ganz normaler Tag«, Regie: Joel Schumacher, USA/Frankreich/Großbritannien 1993.

12 »The King's Speech – Die Rede des Königs«, Regie: Tom Hooper, Großbritannien/USA/Australien 2010.

13 »Gran Torino«, Regie: Clint Eastwood, USA 2008.

14 Viktor E. Frankl: Der Wille zum Sinn. Göttingen: Hogrefe 2015, S. 113.

15 John Mark Comer: Das Ende der Rastlosigkeit. Mach Schluss mit allem, was dich hetzt – und komm bei Gott an. Holzgerlingen: SCM R.Brockhaus 2022, S. 79.

16 John Mark Comer: Das Ende der Rastlosigkeit. Mach Schluss mit allem, was dich hetzt – und komm bei Gott an. Holzgerlingen: SCM R.Brockhaus 2022.

17 Thomas Härry: Das Geheimnis deiner Stärke. Wie Gott deine Lebensgeschichte gebrauchen will. 5. Auflage. Holzgerlingen: SCM R.Brockhaus 2012. – Das Buch ist noch antiquarisch zu bekommen oder als E-Book.

18 Marcel Hager: Mann, unrasiert. Wild, echt und berufen. 4. Auflage. Holzgerlingen: SCM R.Brockhaus 2023.

19 »Ziemlich beste Freunde«, Regie: Olivier Nakache, Éric Toledano, Frankreich 2011.

20 John Ortberg: Glaube & Zweifel. Aßlar: Gerth Medien 2009.

21 Stefan Dennenmoser: Du bist gut, Herr. © 1993 Immanuel Music, Ravensburg.

22 Reto Kaltbrunner: Mit ganzer Kraft schwach. Gottes Stärke und unser Glaube, wenn Heilung ausbleibt. Holzgerlingen: SCM Hänssler 2024.

23 Stephen R. Corvey: Die 7 Wege zur Effektivität. Prinzipien für persönlichen und beruflichen Erfolg. 60. Auflage. Offenbach am Main: Gabal Verlag 2018.

24 »Das Streben nach Glück«, Regie: Gabriele Muccino, USA 2006.

25 Dietrich Bonhoeffer: Widerstand und Ergebung. Dietrich Bonhoeffer Werke Band 8. München: Chr. Kaiser 1998, S. 30.

26 Diana Mirtschink: Dieser Schmerz zerreißt mir fast das Herz: Trauern als Weg. Blumenholz: Spica 2012.

27 »Walk the line«, Regie: James Mangold, USA/Deutschland 2005.

28 Matthias Huff: Johnny Cash. Meine Arme sind zu kurz, um mit Gott zu boxen. Der »Man in Black« und seine Glaubensreise. 2. Auflage: adeo 2023.

29 Dietrich Bonhoeffer: Widerstand und Ergebung. Dietrich Bonhoeffer Werke Band 8. München: Chr. Kaiser 1998, S. 205.

30 Dietrich Bonhoeffer: Widerstand und Ergebung. Dietrich Bonhoeffer Werke Band 8. München: Chr. Kaiser 1998, S. 207.

31 Martin Buchholz: Am Ende eines Auswegs. © 1991 SCM Hänssler, Holzgerlingen. CCLI-Liednummer: 4866929

32 »Hacksaw Ridge – Die Entscheidung«, Regie: Mel Gibson, USA/Australien 2016.

33 Wolfgang Rahn: Jesus Christus ist der Sieger. 1991 SCM Hänssler, Holzgerlingen. CCLI-Nr.: 4341815.

Kostenlose Leseprobe
unter scmshop.de/
leseprobe-j958

Gebunden, 11 × 18 cm
224 Seiten
Nr. 226.958
ISBN 978-3-417-26958-1

Erhältlich im Buchhandel oder
unter www.scm-shop.de

ⓔ **Auch als E-Book erhältlich**

Rüdiger Jope (Hrsg.)
Akkulader
Das Männer-Andachtsbuch

Wer nicht rechtzeitig auftankt, bleibt liegen, brennt aus und kann nicht
mehr weitermachen – das gilt auch für Männer! Zum Aufladen gibt es
nun dieses Andachtsbuch für Männer, das ganz ohne Strom und Steck-
dose funktioniert. Rüdiger Jope beleuchtet den Energielevel des Lebens:
Was liefert Ihnen Energie? Was sind die typischen Energiefresser?
Wo und wie laden Sie Ihren Akku? Jede Andacht orientiert sich an
einem Mann aus der Bibel und enthält neben einer Auslegung viele
praktische Impulse zum Aufladen im Alltag.

Kostenlose Leseprobe
unter scmshop.de/
leseprobe-j856

Flexcover, 11 × 18 cm
220 Seiten, mit Strukturlack
und Lesebändchen
Nr. 226.856
ISBN 978-3-417-26856-0

Erhältlich im Buchhandel oder
unter www.scm-shop.de

ⓔ **Auch als E-Book erhältlich**

Rüdiger Jope (Hrsg.)
Schleifstein
Das Männer-Andachtsbuch

Gott möchte den Charakter, die Persönlichkeit, die Vaterschaft, eben
das Beste im Mann, hervorbringen. In 52 Andachten durchlaufen die
Autoren wie z. B. Uwe Heimowski und Frank Heinrich das Lukas-
evangelium und machen dabei spannende und überraschende
Entdeckungen. Sie laden zur Auszeit ein und ermutigen, sich Gott
zu öffnen und den Schöpfer selbst an sich arbeiten zu lassen – denn
nur eine geschliffene Schneide kann Qualität hervorbringen.
Ein Buch, das Mut macht und herausfordert.